JN199459

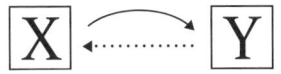

ケーススタディで学ぶ

債権法改正

監修　倉吉　敬

編著　弁護士法人　大江橋法律事務所

商事法務

●はしがき

　新しい債権法と呼ばれて注目を集めた民法改正法が、いよいよ
2020 年 4 月 1 日から施行されます。多くの企業で、既存の契約書の
見直しから社内教育等の体制整備まで、組織的な取組みが始められ
ていますが、こうした準備作業をリードする立場にある法務部門で
は、大規模かつ広範な改正法の全体像を理解し、実務に及ぼす影響
を把握することの難しさを改めて実感している方も少なくないよう
に思われます。

　本書は、この新しい債権法の内容を、企業法務の方々にわかりや
すく伝えることをコンセプトに、大江橋法律事務所に現に在籍し、
または在籍していた弁護士 10 名が、それぞれの専門分野を分担し
て執筆したコンパクトな解説書です。執筆に当たっては、法制審議
会民法（債権関係）部会における中間試案補足説明、要綱仮案（案）
補充説明、議事録、部会資料なども参照し、意見交換を重ねました。

　私は、裁判官を定年退官した後、平成 28 年 6 月から平成 29 年 6
月までの 1 年間、弁護士として同事務所に在籍していましたが、そ
の間、執筆作業が佳境に入っていたメンバーの熱意に押されて「監
修」の役を引き受け、全体の調整を行いました。

　今回の改正事項の大半は確立した判例等を明文化したものですが、
実質的な改正事項もかなりの数にのぼります。この中では、新しい
制度の創設（定型約款、個人保証の規制、賃貸人たる地位の留保など）や、
現行制度の不都合な部分やわかりにくい部分の改正（消滅時効、法定
利率の引下げ、第三者弁済と債権者保護など）が目を引きますが、現行
民法の考え方を変更したもの（債務不履行による損害賠償の要件、解
除の要件と危険負担、詐害行為取消しの効果、債権譲渡禁止特約の効力、
契約の成立時期、売主の担保責任、請負人の担保責任、要物契約の諸成契

約化など）は重要であり、破産法の規律と平仄を合わせたもの（詐害
行為の成否、差押えと相殺）なども見逃せません。

　本書では、「改正のポイント」として、改正内容を簡潔に紹介する
とともに、上記の実質的な改正事項については、その改正内容を理
解する上で必要と考えられる、現行制度の問題点、基本的な判例の
考え方、従来の論争の要点、取引実務のスタンス等にも焦点を当て
て、掘り下げた、わかりやすい解説を付しています。その意味では、
本書は、企業法務の方々だけではなく、法学部生、法科大学院生、
司法修習生、さらには、法律実務家、法曹の方々にとっても、現行
法下の議論の理解をより確かなものにし、改正民法の把握を助ける
有用な書になるものと思います。

　取引実務では、新しい規定を具体的なケースに適用するとどのよ
うな結論になるのかを考えることが大事です。本書では、そのよう
な思考の素材とするため、「ケーススタディ」の項を設けました。こ
こでは、改正の基本を理解するための教科書的な問題から取引実務
に特有の問題まで、様々なケースを取り上げていますが、いずれも、
現実に生起する事件に直面し、企業法務の方々と共に悩み、考えな
がらその解決に努めてきた弁護士たちの考案によるものなので、生
きた教材ということができます。意見にわたる部分は、執筆者の個
人的な見解によるものですが、この Q&A を通じて、実務上の疑問
に対する考察が深められることを期待しています。

　新しい債権法を楽しく、わかりやすく学べる解説書として、本書
を広く活用していただければ幸いです。

　株式会社商事法務の岩佐智樹氏、水石曜一郎氏、井上友樹氏には、
本書の企画の提案から最終的な原稿の点検に至るまで、適切な助言
とアイデアを提供していただくとともに、苦労の多い地道な作業に
取り組んでいただきました。本書のコンセプトを十分に理解した編

集者のご尽力に、改めて、感謝の意を表します。

平成 30 年 3 月

前・弁護士法人大江橋法律事務所弁護士
現・中央更生保護審査会委員長

倉吉　敬

目　次

> ## 10　弁　済　| 115

1　改正のポイント ……………………………………………… 115

(1)　「弁済」の基本概念の明示・115

(2)　第三者弁済に関する規定の見直し・115

(3)　「債権の準占有者」から「受領権者としての外観を有する者」
　　　へ・118

(4)　一部弁済による代位の要件・効果の明確化・119

(5)　担保保存義務・121

(6)　預貯金口座への払込み・121

(7)　特定物ドグマの否定・122

(8)　取引時間の定めがある場合には・122

(9)　代物弁済を要物契約から諾成契約に・123

(10)　その他・124

2　ケーススタディ ……………………………………………… 124

13　定型約款 | 147

14　贈　与 | 167

15　売　買 | 169

18　請　負 | 209

●監修者・執筆者紹介

＜監修者＞

倉吉　　敬（くらよし・けい）

　2007 年　　法務省民事局長

　2010 年　　さいたま地方裁判所長

　2012 年　　横浜地方裁判所長

　2013 年　　仙台高等裁判所長官

　2015 年　　東京高等裁判所長官

　2016 年　　弁護士法人大江橋法律事務所

　2017 年〜　法務省中央更生保護審査会委員長

＜執筆者＞

林　　依利子（はやし・えりこ）【契約の成立・贈与・売買】

弁護士法人大江橋法律事務所弁護士

　2000 年　　京都大学法学部卒業

　2001 年　　弁護士法人大江橋法律事務所入所

　2006 年　　New York University School of Law（LL. M.）卒業

　2006 年〜2007 年　Bingham McCutchen（現 Morgan, Lewis&Bockius）

　　　　　　　　　　（San Francisco Office）勤務

　2013 年〜2015 年　中国華東政法大学　法学修士課程受講

　2016 年　　リー・クアンユー公共政策大学院

　　　　　　　Insights into Regional Politics, Economics and Culture for

　　　　　　　Japanese Business Leaders and Policy Makers 修了

大江　　祥雅（おおえ・よしまさ）【債権者代位・詐害行為取消し】

弁護士法人大江橋法律事務所弁護士

　1998 年　　京都大学法学部卒業

　2002 年　　弁護士法人大江橋法律事務所入所

高子　　賢（たかこ・けん）【多数当事者・保証債務・債権譲渡・債務
　　　　　　　　　　　　　引受・契約上の地位の移転】
HCA 法律事務所弁護士
　　2000 年　　東京大学法学部卒業
　　2003 年〜2004 年　三井安田法律事務所
　　2004 年　　弁護士法人大江橋法律事務所入所
　　2013 年　　Duke University School of Law（LL. M.）卒業
　　2013 年〜2014 年　Davis Polk & Wardwell LLP（New York、東京）勤務
　　2017 年〜　HCA 法律事務所

北野　知広（きたの・ともひろ）【消費貸借・寄託・組合】
弁護士法人大江橋法律事務所弁護士
　　2000 年　　早稲田大学法学部卒業
　　2003 年　　弁護士法人大江橋法律事務所入所
　　2008 年〜2009 年　三井住友銀行企業調査部勤務

佐藤　　俊（さとう・しゅん）【請負・委任・雇用】
弁護士法人大江橋法律事務所弁護士
　　2004 年　　慶應義塾大学法学部法律学科卒業
　　2005 年　　弁護士法人大江橋法律事務所入所

定金　史朗（さだかね・しろう）
弁護士法人大江橋法律事務所弁護士
　　2004 年　　京都大学法学部卒業
　　2006 年　　京都大学法科大学院修了
　　2007 年　　弁護士法人大江橋法律事務所入所
　　2014 年　　University of Virginia School of Law（LL. M.）卒業
　　2014 年〜2016 年　DFDL 勤務

澤井　俊之（さわい・としゆき）【債務不履行の責任等・契約の解除・
　　　　　　　　　　　　　　　　　　危険負担】
弁護士法人大江橋法律事務所弁護士
　2006 年　　京都大学法学部卒業
　2008 年　　京都大学法科大学院修了
　2010 年　　弁護士法人大江橋法律事務所入所
　2017 年　　University of Michigan Law School（LL. M.）卒業
　2017 年〜　Pillsbury Winthrop Shaw Pittman（New York）勤務

早野　述久（はやの・のぶひさ）【定型約款】
早野南谷綜合法律事務所弁護士
　2008 年　　東京大学法学部卒業
　2010 年　　東京大学法科大学院修了
　2012 年　　弁護士法人大江橋法律事務所入所
　2017 年〜　早野南谷綜合法律事務所

福冨　友美（ふくとみ・ともみ）【弁済・相殺・更改】
弁護士法人大江橋法律事務所弁護士
　2007 年　　早稲田大学法学部卒業
　2010 年　　早稲田大学法科大学院修了
　2012 年　　弁護士法人大江橋法律事務所入所

細川　慈子（ほそかわ・あいこ）【債権の消滅時効・法定利率】
弁護士法人大江橋法律事務所弁護士
　2008 年　　東京大学法学部卒業
　2010 年　　東京大学法科大学院修了
　2012 年　　弁護士法人大江橋法律事務所入所
　2017 年　　University of California, Berkeley, School of Law（LL. M.）卒
　　　　　　　業
　2017 年〜2018 年　Gleiss Lutz（Stuttgart）勤務

序論　債権法改正の全体像および本書の構成

1　改正の経緯・概要

　平成 29 年 5 月 26 日、「民法の一部を改正する法律」（以下「改正民法」といいます）が第 193 回国会において可決され、成立しました。現行の民法のうち財産法に関係する第一編から第三編までの部分は明治 29 年に制定されましたが、約 120 年間の長きにわたり、第三編（債権）に関する改正はほとんどなされていませんでした。今回の改正は民法が制定されて以降はじめて行われる抜本的な債権法の改正となります。

　改正民法成立までの大まかな経緯は次のとおりです。

平成 21 年 10 月 28 日	法務大臣の法制審議会に対する諮問（第 88 号）に基づき、民法（債権関係）部会が設置される（合計 99 回の部会と 18 回の分科会を開催）
平成 23 年 4 月 12 日	第 26 回部会において、「民法（債権関係）の改正に関する中間的な論点整理」（以下「中間論点整理」といいます）が決定される
平成 23 年 6 月 1 日〜 平成 23 年 8 月 1 日	中間論点整理に対するパブリック・コメントの受付期間
平成 25 年 2 月 26 日	第 71 回部会において、「民法（債権関係）の改正に関する中間試案」（以下「中間試案」

	といいます）が決定される
平成 25 年 4 月 16 日〜 平成 25 年 6 月 17 日	中間試案に対するパブリック・コメントの受付期間
平成 26 年 8 月 26 日	第 96 回部会において、「民法（債権関係）の改正に関する要綱仮案」が決定される
平成 27 年 2 月 24 日	法制審議会において「民法（債権関係）の改正に関する要綱」が決定され、法務大臣に対して答申がなされる
平成 27 年 3 月 31 日	改正民法が閣議決定され、同日第 189 回国会に提出される →第 189 回国会から第 191 回国会では実質審議がなされず、継続審議とされる、また第 192 回国会で実質審議が開始されるも、会期中に議決に至らず、継続審議とされる
平成 29 年 4 月 14 日	改正民法が衆議院（第 193 回国会）で可決される
平成 29 年 5 月 26 日	改正民法が参議院（第 193 回国会）で可決される
平成 29 年 6 月 2 日	改正民法（平成 29 年法律第 44 号）が公布される

　改正に関する議論の中心を担った民法（債権関係）部会は、上記のとおり、法務大臣の法制審議会に対する諮問（第 88 号）に基づき設置されましたが、その諮問の内容は、「民事基本法典である民法のうち債権関係の規定について、同法制定以来の社会・経済の変化への対応を図り、国民一般に分かりやすいものとする等の観点から、国民の日常生活や経済活動にかかわりの深い契約に関する規定を中心に見直しを行う必要があると思われるので、その要綱を示されたい」

（下線部筆者）というものでした。当該諮問を受けて進められた改正民法の検討においては、上記の観点を反映して、①社会・経済の変化への対応を目的として新たな制度を導入する項目、および②国民一般にわかりやすいものとすることを目的として既に確立している判例や解釈論を明文化する項目が改正の主な柱になっています。より具体的には、①社会・経済の変化への対応を目的とした項目としては、消滅時効・法定利率の見直し、定型約款に係る規定の新設、保証人保護規定の拡充が挙げられます。また②国民一般にわかりやすいものとすることを目的とした項目としては、意思能力制度の明文化、詐害行為取消し手続の整備、賃貸借終了時の原状回復ルールの明文化等が挙げられます。

　改正民法の施行日は、一部の規定を除き、公布の日（平成 29 年 6 月 2 日）から起算して 3 年を超えない範囲内において政令で定める日と定められており（改正法附則第 1 条）、現時点では、2020 年 4 月 1 日を予定しています。

2　整備法

　改正民法と期を同じくして、「民法の一部を改正する法律の施行に伴う関係法律の整備等に関する法律」（以下「整備法」といいます）も国会に提出されており、平成 29 年 5 月 26 日付で可決、同年 6 月 2 日付で公布されています（平成 29 年第 45 号）。

　整備法は、私法の基本法たる民法の改正に伴い、商法を始め合計 216 の関係法律の規定を整備し、かつ経過措置を定めるものです。なお、現時点において、改正民法と関係法律間の整理がすべて終了しているわけではなく、労働基準法上の賃金債権等の消滅時効規定の見直しのように、改正民法との整合性に係る議論が未了の関係法

律が存在しますので、この点は注意が必要です。

3　改正が見送られた項目

　平成23年4月に決定された中間論点整理の時点では、500を超える検討項目が示されていましたが、平成27年3月に国会に提出された改正民法の要綱では、改正項目は約200まで絞られました。

　検討されながらも今回の改正に盛り込まれなかった主な項目としては、継続的契約やファイナンス・リース契約といった新たな典型的契約の導入、契約交渉過程における情報提供義務や誠実交渉義務の明文化等が挙げられますが、こういった項目に関しては、今後も従前どおり解釈論に委ねられることとなります。

4　本書の構成

　平成27年3月31日に国会に提出された改正民法の要綱では、今回の改正項目を大きく分けて以下の40項目に区分しています。要綱の各項目と本書の各章の対応関係は以下のとおりです。

要綱の項目	本書の章番号
(1)公序良俗	
(2)意思能力	
(3)意思表示	
(4)代理	
(5)無効及び取消し	
(6)条件	

(7)消滅時効	第1章
(8)根抵当権の被担保債権	
(9)債権の目的（法定利率を除く。）	
(10)法定利率	第2章
(11)履行請求権等	
(12)債務不履行による損害賠償等	第3章
(13)契約の解除	第4章
(14)危険負担	第4章
(15)受領遅滞	
(16)債権者代位権	第5章
(17)詐害行為取消権	第6章
(18)多数当事者	第7章
(19)保証債務	第8章
(20)債権譲渡	第9章
(21)有価証券	
(22)債務引受	第9章
(23)契約上の地位の移転	第9章
(24)弁済	第10章
(25)相殺	第11章
(26)更改	第11章
(27)契約に関する基本原則	
(28)契約の成立	第12章
(29)定型約款	第13章

⑶第三者のためにする契約	
⑶売買	第 15 章
⑶贈与	第 14 章
⑶消費貸借	第 16 章
⑶賃貸借	第 17 章
⑶使用貸借	第 17 章
⑶請負	第 18 章
⑶委任	第 19 章
⑶雇用	第 20 章
⑶寄託	第 21 章
⑷組合	第 22 章

　本書では、上記の 40 項目のうち、特に国民生活ならびに企業活動の実務に与える影響が大きいと思われる改正項目について解説および検討を加えています。（「はしがき」に記載のとおり、）各章は、「改正のポイント」と「ケーススタディ」に分けられ、「改正のポイント」では、現行制度の問題点、基本的な判例の考え方、従来の論争の要点、取引実務のスタンス等に関する解説を行い、「ケーススタディ」では、仮想事例に関する Q&A を通じて、今回の改正内容の具体的な事例への当てはめおよび現行の民法との帰結の相違等について検討を加えています。

1 債権の消滅時効

1 改正のポイント

(1) 一般の債権の消滅時効

改正民法は、一般の債権（後記(2)(3)(4)以外の債権）について、①現行民法の「権利を行使することができる時から 10 年間」という客観的起算点による時効は維持し（改正民法 166 条 1 項 2 号）、②各種の短期消滅時効、すなわち、職業別各種債権（3 年、2 年、1 年。現行民法 170 条から 174 条まで）、商事債権（5 年。現行商法）、定期給付債権（5 年。現行民法 169 条）を全廃し、③現行民法にはない「権利を行使することができることを知った時から 5 年間」という主観的起算点による時効を新設しました（改正民法 166 条 1 項 1 号）。

客観的起算点による 10 年と主観的起算点による 5 年という 2 つの時効を組み合わせて運用するのが合理的と考えられたもので、すっきりした制度設計になりました。

《実務上の注意点》取引上の債権については、権利を行使することができる時がいつになるのかを、債権者が契約の時点で知っているのが通常ですから、ほとんどのケースでは客観的起算点と主観的起算点が一致します。したがって、商事債権以外の債権では、これまでなら 10 年は大丈夫だと思っていたものが、5 年で時効にかかることになります。とりわけ商人ではない非営利法人では、債権管理上、注意しておかねばなりません。

→ Q 1-1 一般の債権の消滅時効

(2) 定期金債権の消滅時効

現行民法は、基本権である定期金債権について、「第1回の弁済期から20年間」と「最後の弁済期から10年間」という客観的起算点による2つの時効期間を定めていますが、前者の「第1回の弁済期から20年間」というのは、当初に何回か支払があった場合はどうなるのかが文言上わかりにくいという難点がありました。

そこで、改正民法は、①客観的起算点については、「（支分権である）各債権を行使することができる時から20年間」として、数回支払があった場合は、未払分の中の最初の弁済期から20年で基本権である定期金債権が消滅することを明確にしました（改正民法168条1項2号）。その上で、②「（支分権である）各債権を行使することができることを知った時から10年間」という主観的起算点による時効を新設しています（改正民法168条1項1号）。

(3) 不法行為による損害賠償請求権の消滅時効

現行民法724条後段の「不法行為の時から20年間」という客観的起算点による規律は、消滅時効ではなく除斥期間だと解されています（最判平成元・12・21民集43巻12号2209頁）。しかし、時効でないとすると、時効に関する総則の規定の適用がなく、したがって、中断（改正民法では時効期間の更新）も停止（改正民法では時効完成の猶予）もなく、当事者による「援用」も不要で、「援用権の濫用」をいう余地もないため、事案によっては、不法行為の被害者の救済が図れず相当でないと思われるケースも出てきました。

そこで、改正民法は、①「不法行為の時から20年間」という客観的起算点による規律は、消滅時効であることを明言しました（改正民法724条柱書・2号）。②現行民法の「損害及び加害者を知った時か

ら 3 年間」という主観的起算点による時効は、そのまま維持しています（改正民法 724 条柱書・1 号）。

→ Q 1-2 不法行為による損害賠償請求権の消滅時効

(4) 生命・身体侵害による損害賠償請求権の消滅時効

改正民法は、「人の生命又は身体の侵害による損害賠償請求権」の時効期間について、前記(1)の時効期間（10 年、5 年）と前記(3)の時効期間（20 年、3 年）に対する特則を設け、債務不履行（安全配慮義務違反）による損害賠償請求権の時効期間のうち客観的起算点による時効期間を 20 年間に（改正民法 167 条）、不法行為による損害賠償請求権の時効期間のうち主観的起算点による時効期間を 5 年間に（改正民法 724 条の 2）、それぞれ延ばしました。時効期間の長い方に揃えたわけです。

この結果、債務不履行、不法行為のいずれによるものであっても、「人の生命又は身体の侵害による損害賠償請求権」の時効期間は、主観的起算点から 5 年間、客観的起算点から 20 年間に統一されました。

→ Q 1-3 生命・身体の侵害による損害賠償請求権の消滅時効

(5) 時効の完成猶予および更新

現行民法は、請求、差押え・仮差押え・仮処分、承認を、時効の中断事由とし（147 条）、中断の効果として、時効は各事由が終了した時から新たにその進行を始めるとした上（157 条 1 項）、承認以外の事由が（訴えの却下・取下げのように）本来の目的を遂げずに終了した時は、中断の効果は生じない（149 条〜152 条、154 条）と規定しています。そして、判例は、本来の目的を遂げずに終了した事由であっても、現行民法 153 条の「催告」の効力があることを認め、6 か月以内に同条所定の裁判上の請求等の手続をとれば時効が中断する

としています（最判昭和 45・9・10 民集 24 巻 10 号 1389 頁）。

　しかし、「中断」という言葉から、時効が完成しないというだけでなく、それまでの時効期間がなかったことになり、ゼロから新たに時効が進行するという意味を読み取るのは、困難です。そこで、改正民法は、新しく時効が進行することを「更新」と呼び、その前提となる、一定の時点まで時効が完成しないようにする仕組みを「完成猶予」と呼ぶことにしました。これに伴い、現行民法 158 条から 161 条までの条文の見出しの「時効の停止」という用語も「時効の完成猶予」に変えました。

　改正民法は、条文の配列も変えました。完成猶予事由ごとに条文を置き、（前記判例の趣旨も含め）いつまで時効の完成が猶予されるか、どんな場合に時効が更新されるかを個別に定めています。

　主要なものを概観すると、次のとおりです。

　「訴えの提起」があると、その訴訟が終了するまでは時効の完成が猶予され、確定判決や訴訟上の和解により権利が確定すると、時効が更新されます（改正民法 147 条 1 項・2 項）。その時効期間は 10 年です（現行民法 174 条の 2 を踏襲。改正民法 169 条）。一方、訴えの却下や取下げにより権利が確定することなく訴訟が終了した場合には、終了時から 6 か月間、時効の完成が猶予されます（改正民法 147 条 1 項括弧書き）。

　「催告」をすると、6 か月間時効の完成が猶予されること（改正民法 150 条 1 項）、債務者が権利を「承認」すると、その時から時効が更新されること（改正民法 152 条 1 項）は、現行民法と同じです。

　「仮差押え、仮処分」は、現行民法は中断事由としていますが、改正民法は、その終了時から 6 か月間、時効の完成が猶予されるとするにとどめ（改正民法 149 条）、更新の効果は認めませんでした。仮差押え、仮処分は、本案判決と異なり、権利を確定するものではな

いからです。制度の見直しになりますが、取引実務では、仮差押え、仮処分は暫定的なもので、本案訴訟までのつなぎの手続だという考え方が定着しているので、（理論上はともかく）実際上の影響はないでしょう。

　「協議を行う旨の合意」は、改正民法が新設した完成猶予事由で、権利について協議を行う旨の合意が書面または電磁的記録でされたときは、その合意の中で協議期間を定めなければ、通常、1年間、時効の完成が猶予されます（正確には、①その合意があった時から1年を経過した時、②その合意において定められた協議期間（1年未満に限る）を経過した時、③どちらかが協議の続行を拒絶する旨の書面による通知をしたときは、その通知の時から6か月後を経過した時のうち、いずれか早い時までの間、猶予されます。改正民法151条）。時効の完成だけは阻止しておきたいが、債務者が、債務の承認はしないまでも、協議には応じているので、強硬な手段はとりたくないという債権者サイドのニーズに応えるもので、「催告」よりもソフトな方法といえます。さらに、（猶予期間は通じて5年以下という制約がありますが）再度の合意をすることもできます（改正民法151条2項）。

《実務上の注意点》なお、催告により時効の完成が猶予されている間に協議を行う旨の合意をしても、その合意には時効完成猶予の効果はなく、協議の合意により時効の完成が猶予されている間に催告をしても、その催告には時効完成猶予の効果はないので（改正民法151条3項）、注意を要します。

　また、現行民法は、天災等のために時効を中断することができないときは、天災等による障害が消滅した時から2週間を経過するまでの間は、時効は完成しないとしていますが（現行民法161条）、改正民法は、この期間を3か月に延長しました（改正民法161条）。

→ Q 1 -4　時効完成猶予

⑹　時効の援用権者

　現行民法は、時効の援用権者を「当事者」と規定しています（現行民法 145 条）。そして、判例は、「権利の消滅により直接利益を受ける者」は、この「当事者」として消滅時効を援用し得るとし、保証人、物上保証人、第三取得者等がこれに含まれるとしてきました（最判昭和 48・12・14 民集 27 巻 11 号 1586 頁）。改正民法は、この判例の趣旨も踏まえて、援用権者を「当事者（消滅時効にあっては、保証人、物上保証人、第三取得者その他権利の消滅について正当な利益を有する者を含む。）」と規定しました（改正民法 145 条）。

⑺　経過措置

　施行日前に債権が生じた場合には、その時効期間は現行民法によって定まり、改正民法が適用されることはありません（改正法附則 10 条 4 項）。債権が生じたのは施行日以後だが、その原因である法律行為が施行日前にされていたときも同様です（改正法附則 10 条 1 項括弧書き）。要するに、取引実務では、契約が施行日前にされたか否かがメルクマールになると考えておけばいいということになります。

　これに対し、不法行為に基づく債権については、施行日前に不法行為があったか否かではなく、改正民法施行時に、現行民法 724 条前段に規定する 3 年の時効期間が完成していたか否か、同条後段に規定する 20 年の除斥期間が経過していたか否かがメルクマールになります（改正法附則 35 条）。この点については、 Q 1 -5 を参照してください。

→ Q 1 -5 経過措置

⑻ 特別法への影響

　民法・商法以外にも、消滅時効について定めた特別法があります
が、これらの規定の見直しの有無等については、**Q1-6** を参照
してください。

→ **Q1-6** 特別法への影響

2 ケーススタディ

Q1-1 一般の債権の消滅時効

Q 現行法と改正民法とで、①飲み屋のツケ、②設計業者の報酬債
権、③銀行の貸金債権、④信用金庫、信用組合の貸金債権の各消
滅時効期間は、どう変わるか。

A 現行法の消滅時効期間は、①は1年（現行民法174条）、②は3
年（現行民法170条2号）、③の銀行は商人なので、商事債権として
5年（現行商法522条）になります。④の信用金庫、信用組合は非
営利法人であって、商人ではないので、民事債権として10年（現
行民法167条1項）になることが多いでしょうが、会社や個人事業
主が営業資金として借りる場合には、商事債権として5年の時効
にかかります。③④については、同じ貸金なのに、銀行と信用金
庫とで消滅時効期間に差を設ける理由があるのかとか、信用金庫
も商人というべきではないか等と議論の多かったところです。

　改正民法では、①ないし④のすべての消滅時効期間が、主観的
起算点から5年と客観的起算点から10年に統一されます。とこ
ろで、①のツケは、月末など一定の時期が履行期になることが多
いでしょうし、②③④は契約書に履行期が明記されているはずで

すから、いずれのケースも、債権者は、契約の時点で、権利を行使することができる時がいつになるかを知っています。したがって、どの債権も5年の時効にかかります。④の信用金庫や信用組合等の非営利法人では、これまで10年は大丈夫と思っていた債権が、5年で時効にかかることになるので、債権管理上、注意が必要です。

Q 1 -2 不法行為による損害賠償請求権の消滅時効

Q 信号待ちで停止していた際に、追突され、頚椎捻挫の傷害を負い、車も破損した場合の損害賠償請求権の消滅時効期間は、現行民法と改正民法とで、どう変わるか。追突現場で、加害者は被害者に謝罪し、連絡先等を伝えたものとする。

A 不法行為による損害賠償請求権になるので、現行民法では、主観的起算点（損害および加害者を知った時）から3年の時効にかかるとともに、客観的起算点（事故時）から20年の除斥期間に服することになりますが（現行民法724条）、このケースでは、事故時に損害および加害者がわかっているので、事故時から起算して3年の時効にかかります。

　改正民法では、物損は、主観的起算点（損害および加害者を知った時）から3年、客観的起算点（事故時）から20年の消滅時効にかかり（改正民法724条）、人損は、主観的起算点（損害および加害者を知った時）から5年（改正民法724条の2）、客観的起算点（事故時）から20年（改正民法724条2号）の消滅時効にかかることになりますが、このケースでは、事故時に損害および加害者がわかっているので、事故時から起算して、物損は3年、人損は5年の時効にかかります。

Q 1-3　生命・身体の侵害による損害賠償請求権の消滅時効

Q　会社の工場で作業中に、会社の安全管理上の不備による爆発事故のため重傷を負った従業員の会社に対する損害賠償請求権の消滅時効期間は、現行民法と改正民法とで、どう変わるか。

A　債務不履行（安全配慮義務違反）による損害賠償請求権と不法行為による損害賠償請求権が発生します。

　　現行民法では、債務不履行による損害賠償請求権は、客観的起算点（事故時）から10年の消滅時効に、不法行為による損害賠償請求権は、主観的起算点（損害および加害者を知った時）から3年の消滅時効にかかるとともに、客観的起算点（事故時）から20年の除斥期間に服します。

　　改正民法では、債務不履行、不法行為のいかんにかかわらず、「人の生命又は身体の侵害による損害賠償請求権」の時効期間は、主観的起算点から5年間、客観的起算点から20年間に統一されました（改正民法166条1項、167条、724条、724条の2）。このケースでは、事故時に損害および加害者がわかっているので、事故時から起算して5年の時効にかかります。

Q 1-4　時効完成猶予

Q　XはYに100万円を貸し付けたが、弁済期を過ぎて4年たったのに、Yは、100万円はもらったものだ等といって返済しない。ただ、話し合いには応じている。あと1年で時効になるので、Xは時効の完成を阻止しつつ、穏やかに話し合いを進めたいと考えている。どのような措置をとればよいか。

A 設問のように、債務者が、債務の承認まではしないものの（承認すれば、時効はその時から更新されます。改正民法152条1項）、協議には応じており、債権者も、時効の完成は阻止したいが、協議の機運に水をさすような強硬な手段はとりたくないと考えているというケースでは、改正民法が新設した「協議を行う旨の書面（または電磁的記録）による合意」（改正民法151条）によるのが最も適切です。

　しかし、Yが書面での合意を拒絶した場合には、貸金の弁済についての協議が調う見込みは薄いと思われるので、催告をした上、6か月以内に訴えを提起するのがいいでしょう。

Q1-5 経過措置

Q 改正民法の施行日前に生じた債権で、施行日の時点では現行民法の除斥期間、消滅時効期間が経過していないものについて、改正民法が適用されて、除斥期間が消滅時効となり、あるいは、消滅時効の期間が延長されるということがあるか。

A 不法行為による損害賠償請求権の除斥期間、人の生命・身体を害する不法行為による損害賠償請求権の消滅時効期間については、改正民法の適用がありますが、それ以外の一般の債権の消滅時効期間については、改正民法の適用はありません。

　改正法附則35条1項は、「旧法724条後段に規定する期間〔注：20年の除斥期間のことです〕がこの法律の施行の際すでに経過していた場合におけるその期間の制限については、なお従前の例による」と定めているので、その反対解釈として、改正民法施行時において、まだ20年の期間が経過していないときは、改正民法724

条が適用され、除斥期間ではなく消滅時効として扱われることになります。

　また、改正法附則 35 条 2 項は、「新法 724 条の 2 の規定は、不法行為による損害賠償請求権の旧法 724 条前段に規定する時効がこの法律の施行の際すでに完成していた場合については、適用しない」と定めているので、その反対解釈として、改正民法施行時において、現行民法 724 条前段の 3 年の消滅時効が完成していない場合には、改正民法 724 条の 2 が適用され、生命・身体を害する不法行為による損害賠償請求権の消滅時効の期間は 5 年間に延長されます。

　以上に対し、改正法附則 10 条 4 項は、「施行日前に債権が生じた場合におけるその債権の消滅時効の期間については、なお従前の例による」と定めているので、不法行為による損害賠償請求権以外の一般の債権で、施行日の時点では現行民法の消滅時効期間が経過していないものについては、改正民法の適用はなく、消滅時効期間が延長されるというようなことはありません。

Q 1-6 特別法への影響

Q　民法・商法以外にも、消滅時効について定めた特別法として、製造物責任法、保険法、労働基準法等があるが、こうした特別法の規定も見直されるのか。

A　民法改正のための法制審議会においても、特別法の消滅時効の取扱いは議論されましたが、民法改正に当たって統一的に処理することは予定されておらず、今後、それぞれの特別法の領域で改めて検討することとされました。

　多数の特別法において、時効の「中断・停止」を「完成猶予・

更新」という用語に改める、除斥期間を消滅時効に改める、といった民法改正に伴う用語の統一作業が行われるものの、消滅時効期間の変更まで民法改正と同時に行われる例は多くありません。

　消滅時効期間の変更まで行われる法律のうち重要なものとしては、製造物責任法が挙げられます。同法は、従前消滅時効の定めとして、「被害者又はその法定代理人が損害及び賠償義務者を知った時から3年」または「その製造業者等が当該製造物を引き渡した時から10年」で損害賠償請求権が消滅するものと定めていました（同法5条）。今回の改正では、当該期間は維持しつつ、生命・身体侵害に係る損害賠償請求権の消滅時効については、「3年」の期間を「5年」に延長することとされており、改正民法における生命・身体侵害に関する消滅時効の特則と一部平仄があわせられています。

　なお、保険金請求権の消滅時効期間（保険法95条等）、および労働基準法上の請求権の消滅時効期間（労働基準法115条）についても、今般の民法改正に伴い変更されるか注目を集めていましたが、現時点において現状の定めが改正ないし廃止される予定はありません。その他の特別法についても、今後改正等の議論がなされるか否かは要注目です。

2 法定利率

1 改正のポイント

(1) 変動制の仕組み

　法定利率を年5％に固定した現行民法404条については、市場金利と著しく乖離する利率で、経済の実情に合わないという批判がありました。そこで、改正民法は、市場金利に連動した変動制を採用し、施行当初は年3％でスタートし、その後は、3年を1期として利率を見直すという抜本的な改正をしました（改正民法404条2項・3項）。

　具体的には、法定利率に変動があった期のうち直近のもの（直近変動期）における基準割合と当期における基準割合との差に相当する割合（その割合に1％未満の端数があるときは、これを切り捨てる）を直近変動期における法定利率に加算または減算した割合としました（改正民法404条4項）。この基準割合は、法務省令の定めるところにより、一定の計算方式で算定され告示されますが（改正民法404条5項）、1％未満が切り捨てになるので、法定利率は、2％、4％といった整数の単位でしか変動し得ず、また、変動しても期（3年）ごとなので、変動制とはいえ、緩やかな仕組みになっています。

(2) 基準時

　変動制にする以上、どの時点の法定利率を適用するのかという基準時が重要となります。

　この点について、改正民法は、利息を生ずべき債権について別段

の意思表示がないときは、「その利息が生じた最初の時点」の法定利率によることとし（改正民法404条1項）、金銭債務の不履行による損害賠償（遅延損害金）の額については、「債務者が遅滞の責任を負った最初の時点」の法定利率によることとしました（改正民法419条1項）。さらに、中間利息控除（不法行為や安全配慮義務違反による損害賠償額の算定に当たり、将来の逸失利益や出費を現在価値に換算するために、損害賠償算定の基準時から将来利益を得られたであろう時までの利息相当額（中間利息）を控除すること）については、現行民法には規定はありませんが、改正民法は、上記の新たな法定利率の定めが適用される旨を明文で定め、「その損害賠償請求権が生じた時点」の法定利率によることとしています（改正民法417条の2）。

《実務上の注意点》「その利息が生じた最初の時点」とは、生じた利息を支払うべき弁済期とは異なるので、注意が必要です。たとえば、毎年末に利息を支払うという約束で借金をした場合、利息が生ずるのは、貸金の交付時であり、年末の支払時期ではありません。また、金銭債務の不履行による損害賠償（遅延損害金）の額に関する「債務者が遅滞の責任を負った最初の時点」についても、売買代金債務等の不履行であれば期限の定めの有無によって異なり、安全配慮義務違反による請求と不法行為による請求とが競合するようなケースでは、いずれの請求によるかで異なります。他方、逸失利益の算定に当たり控除される中間利息相当額は、（遅滞とはかかわりのない）「その損害賠償請求権が生じた時点」の法定利率によることとなるので、注意を要します。

　以上については、ケーススタディを参照してください。

→ Q 2 -1　貸金の利息の利率の基準時

→ Q 2 -2　遅延損害金の利率の基準時

→ Q 2 -3　債務不履行（安全配慮義務違反）または不法行為による損害賠償請求権における遅延損害金の利率と逸失利益の中間利息控除の利率の基準時

　この改正に伴い、商事法定利率（年6%。現行商法514条）は廃止され、改正民法の変動制の法定利率に1本化されます。

2 ケーススタディ

Q2-1 貸金の利息の利率の基準時

Q　Xは、Yとの間で、XがYに、100万円を、弁済期は5年後、利息は翌年から毎年末に支払う約束で貸与する旨合意し、即日現金100万円を交付したが、利率は特に定めなかった。この時の法定利率は3%だったが、翌年は3年に1度の見直しの年に当たり、その1月に法定利率は4%に変動した。Yが支払うべき利息の利率は、3%と4%のどちらになるか。

A　「その利息が生じた最初の時点」の法定利率が適用されるところ（改正民法404条1項）、利息は金銭交付時から発生するので、設問の利率は3%になります。利息支払日の法定利率（設問では4%）が適用されるわけではないので、注意を要します。

Q2-2 遅延損害金の利率の基準時

Q　Xは、Yに自動車を売却し引き渡したが、Yが代金を支払わないので、その支払を求めている。遅延損害金についての約定はなかった。代金支払期限の定めがある場合とない場合において、それぞれ、遅延損害金の額はどの時点の法定利率によって定めるべきか。

A　金銭債務の不履行による損害賠償（いわゆる遅延損害金）の額は、「債務者が遅滞の責任を負った最初の時点」の法定利率によって

定まります（改正民法419条1項）。

　したがって、代金支払期限が定められていた場合には、その期限が到来した時点（改正民法412条1項）の法定利率により、期限の定めがなかった場合には、履行の請求をした時点（改正民法412条3項）の法定利率によることになります。

Q 2 -3 債務不履行（安全配慮義務違反）または不法行為による損害賠償請求権における遅延損害金の利率と逸失利益の中間利息控除の利率の基準時

Q Xは、勤め先のY会社の工場で作業中に、Yの安全管理上の不備に起因する爆発事故のため重傷を負った。XのYに対する損害賠償請求権について、その遅延損害金の利率および逸失利益の中間利息控除の利率は、どの時点の法定利率によるべきか。

A Xは、債務不履行（安全配慮義務違反）による損害賠償請求と不法行為による損害賠償請求をすることができます。

　遅延損害金は、「債務者が遅滞の責任を負った最初の時点における法定利率によって定める（改正民法419条1項）」ことになるので、債務不履行による損害賠償請求では、請求した時点における法定利率に、不法行為による損害賠償請求では、不法行為時、すなわち事故が発生した時点における法定利率によることになります。

　これに対し、中間利息の控除は、「その損害賠償の請求権が生じた時点における法定利率により、これをする」とされているので（改正民法417条の2第1項）、債務不履行、不法行為のいずれによる請求であっても、事故が発生した時点における法定利率によることになります。

③　債務不履行の責任等

1　改正のポイント

⑴　履行不能

①　履行不能一般

　債務の履行が不能であるときは、その債務の履行を求めることはできません。これは当たり前のことなので、現行民法は規定も置いていませんでしたが、債務者に対し債務の履行を求めることができるというのは、債権の本質そのものであり、そのことを前提にその効力にも限界があるのだということくらいは、民法に規定した方がわかりやすくて適切だと考えられます。

　改正民法は、このような考え方に立って、「債務の履行が契約その他の債務の発生原因及び取引上の社会通念に照らして不能であるときは、債権者は、その債務の履行を請求することができない」と規定しました（改正民法412条の2第1項）。

　実務上意味があるのは、履行不能といえるかどうかが「契約その他の債務の発生原因及び取引上の社会通念に照らして」判断されるとしたところです。これは、履行不能を抽象的・観念的に捉えるのではなく、その契約の内容、目的等に即して具体的に考える（たとえば、契約上想定される債権者の利益に比して債務の履行に過大な費用を要するような場合には、履行不能と評価し得るなど）という常識的な実務感覚が明文化されたとみることができます。実務上は歓迎してよいでしょう。

23

なお、特定物の引渡しの場合の注意義務（改正民法400条）、債務不履行の免責事由（改正民法415条1項ただし書）等についても、これと同一の判断基準が導入されています。

②　原始的不能

　契約に基づく債務の履行が契約成立時に既に不能であったという、いわゆる原始的不能の場合（たとえば、建物の売買契約の前日にその建物が火事で焼失していた場合）の規律についても、現行民法には規定がありませんでした。そして、通説は、その契約は無効であり債権は成立しないと解した上で、その不能につき債務者に責めに帰すべき事由があっても、契約は無効なのだから、履行利益（本来の履行がなされたなら得られたであろう利益）の賠償までは認められないが、信頼利益（契約が有効だと信じて費やした費用）の賠償請求だけはできると解していました。これは、ドイツ民法の規定をそのまま解釈論として導入したものです。しかし、明文の規定がないのに、ここまで解釈で読み込めるのか、さらには、履行不能が契約成立の前に生じたのか、その後に生じたのか（建物が燃えたのが契約成立の前だったのか後だったのか）によって、損害賠償の範囲が大きく変わるというのが本当にいいのかについては、議論のあるところでした。

　改正民法は、この点について、「契約に基づく債務の履行がその契約の成立の時に不能であったことは、第415条の規定によりその不能によって生じた損害の賠償を請求することを妨げない」とする明文の規定を置き（改正民法412条の2第2項）、原始的不能の場合であっても（当然に契約が無効になるのではなく）債務不履行になり、履行利益の賠償まで求め得ることを明らかにしました。

《実務上の注意点》原始的不能の契約を締結してしまうようなことは、実務上はまずないだろうと思いますが、損害賠償の範囲が履行利益にまで広がり得ることには留意しておく必要があります。

(2) 債務不履行による損害賠償請求

① 債務不履行による損害賠償請求

改正民法 415 条 1 項は、「債務者がその債務の本旨に従った履行をしないとき又は債務の履行が不能であるときは、債権者は、これによって生じた損害の賠償を請求することができる。ただし、その債務の不履行が契約その他の債務の発生原因及び取引上の社会通念に照らして債務者の責めに帰することができない事由によるものであるときは、この限りでない」と定めました。

本文のところは（規定ぶりが少し変わっただけで）、現行民法と変わりません。

変わったのは、ただし書の免責事由のところです。

まず、現行民法 415 条が「債務者の責めに帰すべき事由」という帰責事由として規定していたのを「債務者の責めに帰することのできない事由」という免責事由に改め、かつ、ただし書の形にして、この点についての主張立証責任が債務者にあることを明確にしました。

注目されるのは、免責事由があるかどうかを「契約その他の債務の発生原因及び取引上の社会通念に照らして」判断するとしたところです。これは、前記(1)①の履行不能といえるかの判断基準と同じものを、免責事由の判断にも導入したものです。

現行民法 415 条の「責めに帰すべき事由」の意義については、「債務者の故意・過失又は信義則上これと同視すべき事由」と解するのが伝統的な考え方でした。しかし、債務者が損害賠償責任を負うの

は、契約は守られなければならないという契約の拘束力があるから
であって、契約から離れた過失の有無で判断すべきではないという
契約重視の考え方が有力になっていて、裁判実務でも、契約の内容・
性質・目的、契約締結に至る経緯等のほか、必要に応じて取引上の
社会通念も考慮して帰責事由の有無を判断するのが通例でした。改
正民法はこの裁判実務の解釈を明文化したものと考えられるので、
実務に及ぼす影響は少ないと思われます。むしろ、予想される不合
理な免責の主張をあらかじめ契約で封ずることができるので、歓迎
すべきでしょう。

→ Q 3-1　債務者の免責事由

②　填補賠償の要件

　現行民法には、債務の履行に代わる損害賠償（いわゆる填補賠償）
についての規定もありません。そこで、改正民法 415 条 2 項は、1 項
に基づく損害賠償請求ができる場合において、(i)債務の履行が不能
であるとき、(ii)債務者が履行拒絶の意思を明確に表示したとき、(iii)
契約が解除され、または債務の不履行による契約の解除権が発生し
たときのいずれかの場合には、填補賠償を求めることができるとし
ました。

《実務上の注意点》実務上は、履行不能でない場合でも、契約の解除を
することなく填補賠償を求め得る場合があること（債務者が履行拒絶
の意思を明確に表示したとき、または債務の不履行による契約の解除
権が発生したときです。この場合には、本来の債務の履行を求めるか、
填補賠償を求めるかの選択が可能になります）が明記されたこと、ま
た、債務者が履行拒絶の意思を明確に表示したときは、履行期前でも
填補賠償を求めることができ、実質的に債権回収の早期化を図り得る
ことに意義があります。この履行拒絶の意思が明確に表示されたとい
うためには、単に履行を拒んだというだけではなく、履行拒絶の意思

がその後に翻されることが見込まれない程に確定的なものであることが必要であると解されています（筒井健夫＝村松秀樹編著『一問一答民法（債権関係）改正』（商事法務、2018年）76頁（注1））。

(3) 中間利息の控除、法定利率の基準時

損害賠償における中間利息の控除の基準時等の定めが新設されたこと（改正民法417条の2）、金銭債務の損害賠償額の算定に関する法定利率の基準時が明記されたこと（改正民法419条）は、前記 2 のとおりです。

(4) 判例・通説の明文化

以下は、現行民法下でほぼ異論のない判例・通説の考え方を明文化したもので、実務への影響はありませんが、これまで広い範囲で細かく判例を確認する必要があった債務不履行の分野に関する規律が、条文を読むだけで理解できるようになりました。

① 受領遅滞の効果

現行民法413条は、「債権者が債務の履行を受けることを拒み、または受けることができない」場合のいわゆる受領遅滞の効果について、単に「履行の提供があった時から遅滞の責任を負う」と定めるだけで、その内容は解釈に委ねられていますが、改正民法は、この「遅滞の責任」の内容を明文化しました。具体的には、(i)債務者の目的物保存義務のレベルが善管注意義務（改正民法400条）から「自己の財産に対するのと同一の注意」義務に軽減されること（改正民法413条1項）、(ii)履行費用の増加分は債権者の負担とされること（同条2項）、(iii)売買を始めとする有償契約においては、目的物の滅失・損傷に係る危険が売主（債務者）から買主（債権者）に移転すること

（改正民法 559 条、567 条 2 項）の 3 点です。

　なお、現行民法下で議論になっていた、債権者に受領義務その他の協力義務が認められるか（これが認められると、債権者に対して債務不履行責任を問うことが可能になる）という問題は、改正民法でも引き続き解釈に委ねられており、個々の契約解釈や信義則に基づき債権者に受領義務が認められる余地は残っています。

②　履行遅滞または受領遅滞中の履行不能の効果

　現行民法には、債務者の履行遅滞または債権者の受領遅滞中に、当事者双方の責めに帰することができない事由によって債務者の債務の履行が不能となった場合の処理について定めた規定はありませんが、改正民法は、この場合のルールを明文化しました。

　すなわち、債務者が履行遅滞（改正民法 412 条各項）に陥っている間に、双方無責の事由によってその債務の履行が不能となったときは、その履行不能が「債務者の責めに帰すべき事由」によるものと「みなす」（改正民法 413 条の 2 第 1 項）ことにより、債権者に履行不能による損害賠償請求権を与え（改正民法 415 条 1 項）、他方で、債権者が受領遅滞（改正民法 413 条）に陥っている間に、双方無責の事由によってその債務の履行が不能となったときは、その履行不能が「債権者の責めに帰すべき事由」によるものと「みなす」（改正民法 413 条の 2 第 2 項）ことにより、双務契約において、債権者は、契約を解除することも、代金支払債務等の反対給付債務の履行を拒絶することもできないことを明確にしています（改正民法 543 条、536 条 2 項）。なお、改正民法では、帰責事由の存否に関しては、各当事者につき個別に帰責事由の有無が検討されるのではなく、当事者双方に関係する諸事情を考慮した上で、帰責事由が①債務者にあるか、②債権者にあるか、③いずれにもないか、のいずれに該当するかが検討さ

れることが想定されています（筒井健夫＝村松秀樹編著『一問一答 民法（債権関係）改正』（商事法務、2018 年）73 頁（注 2）、235 頁（注 3））。

→ **Q 3 -2** 塡補賠償、履行遅滞・受領遅滞中の履行不能など

③ 代償請求権の規定の新設

　現行民法には、履行不能の場合の債権者の代償請求権についての規定はありませんが、改正民法はこれを明文化しました。すなわち、債務が履行不能となったのと同一の原因により債務者が履行の目的物に代わる利益や権利（代償）を取得したとき（たとえば、建物が火災により滅失した場合の火災保険金（請求権）がこれに当たります）は、債権者は、その受けた損害の額の限度で、その権利の移転またはその利益の償還を請求することができることを明確にしています（改正民法 422 条の 2）。

　なお、現行民法下で議論になっていた、代償請求に当たっての債務者の帰責事由を必要とするかの問題は、引き続き解釈に委ねられています。

④ その他

　その他、判例・通説のルールが明文化されたものとしては、(i)不確定期限の履行期について、期限の到来を知った時のみならず、期限の到来後に債権者から請求を受けた時にも遅滞に陥ることを明確にしたこと（改正民法 412 条 2 項）、(ii)履行の強制に関する規定について、民事執行法との関係など現行民法の条文の書きぶりのわかりにくい部分を改めたこと（改正民法 414 条）、(iii)特別の事情によって生じた損害の賠償が認められる要件について、「当事者がその事情を予見し、又は予見することができたとき」としていたのを、「当事者がその事情を予見すべきであったとき」と規範的な表現に改めた

こと（改正民法416条2項）、(iv)過失相殺について、債務の不履行だけでなく、損害の発生、拡大についても過失の対象になることを明確にしたこと（改正民法418条）(v)賠償額の予定について、「裁判所はその額を増減することができない」とする現行民法420条後段の規定は、裁判所が増額することができないのはいいとして、公序良俗違反を理由とする減額をすることもできないのではないかと誤解される可能性があり、適切でないとされていたことから、これを削除したこと（改正民法420条）が、あります。

(5) 経過規定

ここまで述べた改正内容は、改正民法の施行日前に債務が生じた場合（施行日以後に債務が生じた場合であって、その原因である法律行為が施行日前にされたときを含みます）におけるその債務不履行の責任等については適用されません（改正法附則17条1項）。

> 《実務上の注意点》注意を要するのは括弧書きの部分です。債務が発生したのは施行日後であったとしても、その原因となる契約が施行日前に締結されたときには、現行民法が適用されることになります。たとえば、施行日前に停止条件付の契約を締結したところ、施行日以後にその停止条件が成就して債務が発生した場合が、これに当たります。

2　ケーススタディ

Q3-1 債務者の免責事由

Q　Xは、商社Yとの間で、新工場で使う特注の製作機械を購入する契約を締結し、Yは、その機械の製作を以前から取引のあるメーカーZに発注したが、約束した納期までに納品することができなかった。このため、Xは、新工場を操業することができず、予定し

た製品の製造、販売ができなかったとして、Yに対し、履行遅滞に基づく損害賠償を求めた。

　Yが納期を守れなかった理由が次の事情によるもので、いずれの事情もYが予見できなかった場合、Yは、自分には過失がないとして、免責を主張し得るか。

　①　Zは機械を完成させたが、Yで大規模なストライキが起こったため、検収、納品に関する事務が長期間滞った。

　②　Zは機械を完成させたが、その機械の中に法律で禁止されている有害物質が混入していることがわかった。

　③　Zの工場所在地を含む一帯の地域で起こった大規模な地震のため、Zの工場が壊滅し、機械を完成させることができなかった。

A　設問では、Yは「自分に過失がないとして」免責を主張できるかとしていますが、改正民法は、債務者の責めに帰することのできない事由によるものであるかどうかを「契約その他の債務の発生原因及び取引上の社会通念に照らして」判断することにしていますから（改正民法415条1項ただし書）、改正民法の下では、過失がないという言い方は不適切ということになります。契約の内容・性質・目的、契約締結に至る経緯等のほか、必要に応じて取引上の社会通念も考慮して、Yの免責の有無を判断することになります。

《①について》

　Yでのストライキは、Yがコントロールしておくべき事柄ですから、Yが予見できたか否かにかかわりなく、契約上、Yが負担すべきリスクと見るのが当事者の通常の意思と考えられます（仮に、契約の交渉段階で、売主の内部でストライキがあって納品できなかったときは損害賠償をしないという条項を入れることに売主が固執した

ら、買主は、契約には応じないでしょう）。したがって、Y は免責され
ません。

《②について》

　有害物質は、Y が選定したメーカー Z の製作過程で混入したの
ですから、第三者による巧妙な犯罪により混入させられたという
ような、およそ Z が避けることのできない事情によるものでない
限り、Y が予見できたか否かにかかわりなく、契約上、Y が負担す
べきリスクと見るのが当事者の通常の意思といえそうです。した
がって、特段の事情がない限り、Y は免責されないと考えられま
す。

《③について》

　大規模地震のような天変地異は、およそ Y がコントロールでき
ることではありませんから、契約上、Y が負担すべきリスクと見
ることはできません。Y は免責されます。

Q 3-2 塡補賠償、履行遅滞・受領遅滞中の履行不能など

Q X は、Y からクラシックカーを代金 2000 万円で買い受けるこ
とにし、Y との間で、3 月 10 日に Y の事務所で、X は代金 2000 万
円を支払い、Y は車の引渡しと移転登録手続をする旨の売買契約
を締結した。その際、X は Y に対し、この車を整備して友人の Z
に 2500 万円で転売する予定である旨伝えた。以下の場合、X と Y
の法律関係はどうなるか。

① X は、3 月 10 日に代金を準備して Y の事務所に行ったが、Y は
　車の引渡し・移転登録を拒み、交渉は物別れに終わった。その数
　日後に落雷による火災で車が全焼した。

② Y は、3 月 10 日に車のキーと移転登録に必要な書類を準備して
　待っていたが、X から、車を引き取れない旨の電話があった。Y

　　は抗議したが、一方的に電話を切られた。その数日後に落雷に
　　よる火災で車が全焼した。

③　Ｘは、履行期前である3月1日に、Ｙから諸事情により車の引渡
　　しはしない旨の電話を受けた。Ｘは抗議したが、一方的に電話を
　　切られた挙句、その翌日にはＹから車の引渡しはしない旨の書
　　面が届いた。

A　①②は、落雷という双方の責めに帰することのできない事由に
より履行不能になったが、債務者の履行遅滞または債権者の受領
遅滞が先行していた場合はどうなるかを問うものです。③は、履
行期前に、債務者からその債務の履行を拒絶する旨の明確な意思
表示を受けた場合はどうかを問うものです。

《①について》

　債務者Ｙの履行遅滞が先行しているので、その履行不能は「債
務者の責めに帰すべき事由」によるものとみなされます（改正民
法413条の2第1項）。

　したがって、ＸはＹに対し、契約を解除することなく、または、
催告によらないで契約を解除した上（改正民法542条1項1号）、
履行不能による損害賠償（塡補賠償）として、Ｚへの転売の確実性
いかんによりますが、逸失利益（500万円−整備費用）相当の損害
の賠償を求めることができます（改正民法415条1項・2項1号、
545条4項）。

《②について》

　債権者Ｘの受領遅滞が先行しているので、その履行不能は「債
権者の責めに帰すべき事由」によるものとみなされます（改正民
法413条の2第2項）。

　したがって、Ｘは、契約を解除することも、代金支払債務等の

反対給付債務の履行を拒絶することもできず（改正民法543条、536条2項）、Yに対し代金2000万円を支払わなければなりません。

《③について》

債務者Yは、履行期になる前に、車の引渡債務を履行しないとの意思を明確に示しています。この場合、債権者Xは、履行期前でも、催告によらないで売買契約を解除することができ（改正民法542条1項2号）、また、解除の有無を問わず填補賠償請求をすることができます（改正民法415条2項2号）。

したがって、①と同じく、XはYに対し、契約を解除することなく、または、催告によらないで契約を解除した上（改正民法542条1項2号）、履行不能による損害賠償（填補賠償）を求めることができます（改正民法415条1項・2項2号、545条4項）。

さらに、Xは、車の引渡債務が履行不能でない限り（改正民法412条の2第1項参照）、履行期の到来を待って、履行請求として車の引渡請求をすることもできます。

４　契約の解除・危険負担

1　改正のポイント

改正民法は、現行民法の債務不履行による解除の制度と危険負担の制度を大幅に見直しました。もっとも、この見直しは、基本的に取引実務の実態を踏まえたもので、全体としてみれば、実務界のニーズに応えた改正といってよいと思われます。

(1)　解除に債務者の帰責事由は不要

現行民法は、履行不能による解除には債務者の帰責事由を要する旨を定めており（現行民法543条ただし書）、伝統的な通説は、明文の規定のない履行遅滞による解除にも、債務者の帰責事由を要するものと解していました。

しかし、納期に売主（債務者）からの納品がなければ、買主（債権者）としては、売主の帰責性の有無にかかわらず、売買契約を解除して自身の売主に対する売買代金債務を消滅させ、商品は他から調達しようと思うのが通常でしょう。このため、取引実務では、解除に際して債務者の帰責性が意識されることは少ないといわれており、裁判実務でも、債務者に帰責事由がないことを理由に解除の効力が否定されることは稀で、学説でも、解除は、債務者に対する制裁というより、債権者を契約の拘束力から解放することを目的としているから、債務者の帰責性は関係がないという考え方が有力になっていました。

35

改正民法は、解除の目的は契約の拘束力から債権者を解放することにあるという、この有力説の考え方を採用し、催告解除、無催告解除を通じて、債務者の帰責事由は要件としないことにしました（改正民法541条、542条）。ただし、債権者が、自身に帰責事由があるのに反対債務を免れることのないよう、債権者の責めに帰すべき事由があるときは、解除することはできない旨の規定を新設しています（改正民法543条）。大きな制度改正ですが、取引実務の実情を踏まえ、そのニーズに応えた改正といえるでしょう。

　債務者の帰責事由を不要としたことから、改正民法の解除制度は、履行不能のケースでは、従来の危険負担制度とその適用場面が重複することになり、両制度の調整が必要になりました。詳細は、後記(6)の危険負担の項で説明します。

(2)　催告による解除の要件──「軽微」な不履行は例外

　現行民法は、解除権が発生する場合を、履行遅滞等（現行民法541条）、定期行為の履行遅滞（現行民法542条）、履行不能（現行民法543条）の3つに分けて、それぞれについて要件を定めていますが、改正民法は、これを、催告による解除（改正民法541条）と催告によらない解除（改正民法542条）の2つに整理しました。催告の要否という機能面に着目した仕分けをしたもので、わかりやすい条文立てになりました。

　まず、催告による解除の要件は、(i)債務者の履行遅滞に対し、(ii)債権者が履行の催告をし、(iii)相当の期間が経過したことであり、この要件を満たせば解除権が発生することは改正民法でも変更はありません（改正民法541条本文）。もっとも、改正民法541条は、新たにただし書を設け、「その期間を経過した時における債務の不履行がその契約及び取引上の社会通念に照らして軽微であるとき」には解

除権は発生しないことにしました。

　これは、催告後相当期間が経過しても、その時点における不履行が軽微である場合には、債権者は損害賠償等で満足すべきであり、契約の拘束力からの解放を認めるべきではないという考え方によるものです。催告を受けても相当期間内に履行しないという事実があるのに、なお不履行が「軽微」と評価し得るようなケースは、それほど多くはないでしょうが、少なくとも、現行民法下の判例でも認められていたように、不履行の部分が数量的にわずかである場合や付随的な債務の不履行に過ぎないといえるような場合には、「不履行が軽微」といえると思われます。

《実務上の注意点》「不履行が軽微」といえるかは、「契約及び取引上の社会通念に照らして」判断されますが、この点を巡って紛争になる事例が出てくることが予想されます。債権者としては、これまでは、履行遅滞が認められる場合、催告と相当期間の経過というプロセスさえ踏めば解除が認められてきましたが、改正後は、ケースによっては、解除通知の前に、債務者の不履行の態様や違反された義務が重大であり（少なくとも軽微ではなく）、この契約に拘束され続けることがもはや不合理な事態に陥っているといえる事情を整理しておくことが望ましいといえます。

→ Q 4 -1　催告解除（履行遅滞解除）における軽微性の抗弁

(3)　催告によらない解除の要件

　催告によらない解除（無催告解除）は、現行民法上、(i)いわゆる定期行為（特定の日時または一定の期間内に履行をしなければ契約をした目的を達することができない行為）の履行遅滞（現行民法542条）と(ii)履行不能（現行民法543条）の場合に認められていますが、このほかにも、判例・通説により無催告解除が認められた場合があります。

　そこで、改正民法542条は、契約の全部解除と一部解除に分け、

無催告解除の事由を整理し直しました。契約全部または一部の無催告解除ができる場合が網羅的に定められていますので、実務上は歓迎すべきでしょう。なお、前述のとおり、債務者の帰責事由は解除の要件ではありません。

①　無催告全部解除

まず、契約の全部の無催告解除が認められる場合として、債務不履行により契約目的の達成が不可能になったと評価できる事由が挙げられています（改正民法542条1項各号）。すなわち、

(ｱ)　「債務の全部の履行が不能であるとき」（全部の履行不能）

(ｲ)　「債務者がその債務の全部の履行を拒絶する意思を明確に表示したとき」（全部の明確な履行拒絶）

(ｳ)　「債務の一部の履行が不能である場合又は債務者がその債務の一部の履行を拒絶する意思を明確に表示した場合において、残存する部分のみでは契約をした目的を達することができないとき」（一部の履行不能または一部の明確な履行拒絶による契約目的達成不能）

(ｴ)　「契約の性質又は当事者の意思表示により、特定の日時又は一定の期間内に履行をしなければ契約をした目的を達することができない場合において、債務者が履行をしないでその時期を経過したとき」（定期行為の遅滞）

(ｵ)　「前各号に掲げる場合のほか、債務者がその債務の履行をせず、債権者が前条の催告をしても契約をした目的を達するのに足りる履行がされる見込みがないことが明らかであるとき」（契約目的達成不能の場合のバスケット条項）

(ｵ)には、賃貸借契約において信頼関係が破壊された場合や、売買契約・請負契約において目的物等が契約内容に適合しないことによ

り契約目的の達成が不可能になる場合等が含まれると思われます。

②　無催告一部解除

次に、契約の一部の無催告解除が認められる場合として、次の類型が掲げられています（改正民法542条2項各号）。これは、契約内容が、一部解除が可能な程度に可分である場合を前提としていることに留意が必要です。

(ア)　「債務の一部の履行が不能であるとき」（一部の履行不能）

(イ)　「債務者がその債務の一部の履行を拒絶する意思を明確に表示したとき」（一部の明確な履行拒絶）

→ Q4-2 無催告解除の要件

(4)　主張立証責任等

不履行の程度と解除の関係を整理すると、債権者は、①不履行により契約目的を達成することができないときは、無催告解除ができ、②契約目的を達成することはできても、（催告後相当期間が経過した時点で）不履行が軽微とはいえないときは、催告解除ができ、③（催告後相当期間が経過した時点で）不履行が軽微といえるときは、催告解除もできないということになり、契約目的を達成できないことは無催告解除を主張する債権者に、不履行が軽微であることは催告解除を争う債務者に、主張立証責任があります。

(5)　契約の解除に関するその他の改正

その他、改正民法では、解除の効果として現物返還の際の果実の返還義務が明記され（545条3項）、解除権者の故意・過失によって目的物が損傷等した場合に解除権が消滅する旨の規定が若干整理されましたが（548条）、いずれも実務上異論のないルールを明文化し

たものです。

⑹　危険負担制度の見直し

①　債権者主義の規定の廃止

　売買契約の履行期前に、売主（債務者）の責めに帰すべきでない事由によって目的商品が滅失し、履行不能になったとします。この場合に、反対債務である買主（債権者）の代金債務はどうなるか。これが危険負担の問題です。

　現行民法は、反対債務も消滅するという常識的な債務者主義（債務者が代金を得られないという危険を負担するので、こう呼ばれます）を原則としながらも（現行民法536条1項）、その例外を広範に認め、「特定物に関する物権の設定又は移転を双務契約の目的とした場合」には、反対債務は消滅しないとする債権者主義（債権者が代金を支払わなければならないという危険を負担するので、こう呼ばれます）をとっています（現行民法534条）。冒頭の設例には、この例外規定が適用されるため、買主の代金債務は消滅しないことになりますが、これはいかにも不合理なので、債権者主義の規定を廃止すべきであるという立法論が根強く、解釈論としても、登記や引渡しが完了する前に目的物が滅失したときは現行民法534条の適用はなく、債務者主義の原則に戻って代金債務は消滅すると解する等、同条の適用を制限する見解が有力に唱えられていました。取引実務でも、登記・登録の完了時や商品引渡しの時（買主が検査し受領した時と特約する場合もある）に目的物の滅失等の危険が買主に移転するという条項（特約）を契約書に盛り込むことが多いのが実態でした。

　そこで、改正民法は、債権者主義をとる現行民法534条およびこれを前提とする535条を廃止しました。これは、取引実務のニーズに応えたもので、歓迎すべき改正です。

②　解除一元論について

ところで、前記(1)のとおり、改正民法は、解除に債務者の帰責事由は不要としたので、債権者は、債務者に帰責事由がない履行不能があった場合にも、契約を解除しさえすれば、反対債務を免れることができることになりました（改正民法542条1項1号）。そうだとすると、この際、債務者主義をとる現行民法536条1項も廃止して危険負担制度を全廃し、双方に帰責事由がない履行不能の場合の処理ルールを解除制度に一元化することも考えられます。現に、改正法案検討の過程ではその方向についても議論がされましたが、最終的に、改正民法は、この債務者主義の規律を残すことにしました。履行不能があっても契約上解除が制限されている場合や、解除するには他の契約当事者の同意を要する場合（改正民法544条1項）があるので、債務者主義危険負担の制度はなお独自の意義があると考えられたからです。

③　債務者主義の再構成──反対債務消滅構成から履行拒絶権構成へ

しかし、現行民法536条1項をそのまま残したのでは、債務者に帰責事由のない場面で、危険負担制度と改正民法の解除制度が重複し、矛盾が生じます。同項によれば、履行不能となった時点で自動的に反対債務が消滅し、契約が終了してしまうので、その後に契約を解除する余地がなくなるからです。

そこで、改正民法は、債務が履行不能になった場合には、債権者は、反対給付の履行を拒むことができるものとし（改正民法536条1項）、ただし、債権者に帰責事由があるときは、反対給付の履行を拒むことはできないものとしました（同条2項。これは現行民法536条2項と同趣旨の規定です）。債務者主義危険負担の効果として、反対債

務を消滅させるのではなく、(同時履行の抗弁権と同様に) 債務者から
の反対給付の履行請求を拒絶する権限を債権者に付与するにとどめ
たわけです。

④　債権者の武器——履行拒絶権と解除権の併存

　このように、改正民法の下では、履行不能の場面に直面した買主
(債権者) には、受動的な履行拒絶権と能動的な解除権とが併存する
ことになりました。これを、双方の主張立証責任を踏まえて整理す
ると、次のとおりです。

　売主 (債務者) から代金の支払を求められた場合、買主 (債権者)
は、とりあえず支払を拒絶すると言えば (権利主張をしておけば)、し
のぐことができます。履行不能の事実は買主が主張立証することを
要します (改正民法536条1項)。なお、同項は「当事者双方の責めに
帰することができない事由によって債務を履行することができなく
なったときは」と規定していますが、この文言は事柄をわかりやす
く表現するために付されたもので、双方に帰責事由がないことを買
主が主張立証しなければならないという趣旨ではありません。これ
に対し、売主は、買主に帰責事由があることを主張立証して、対抗
することになります (改正民法536条2項本文)。

　買主が、自分の方から積極的に代金債務を消滅させたいと思えば、
契約を解除します。履行不能の事実と解除の意思表示をした事実は、
買主が主張立証することを要し (改正民法542条1項1号・3号・2項
1号)、これに対し、売主は、前同様に、買主に帰責事由があること
を主張立証して、対抗することになります (改正民法543条)。

→ Q4-3　債務者の履行不能と債権者の対抗手段
　　　　　(解除と危険負担の効果)

(7) 経過規定

　ここまでに述べた改正内容は、施行日前に契約が締結された場合におけるその契約の解除や危険負担については適用されない旨が定められています（改正法附則30条1項、32条）ので、施行日以後に締結された契約から妥当することになります。

2　ケーススタディ

Q 4-1　催告解除（履行遅滞解除）における軽微性の抗弁

Q　X建設会社は、機械メーカーY社から、Y社製造の最先端の掘削機とその稼働に必要な潤滑油を購入することとし、Yとの間で、履行期を3月10日とし、その日に、掘削機と潤滑油の引渡しを受けるのと引き換えに、掘削機代金2000万円と潤滑油代金100万円を支払う旨の売買契約を締結した。この潤滑油は、Yが提携先の外国会社から輸入していたもので、この掘削機専用の潤滑油として最適であると宣伝していたものであった。ところが、本体の掘削機は3月10日に納品されたものの、潤滑油は、Yが陸揚げして港の倉庫に保管していた3月9日に大規模地震に伴う津波により流失した。

　　買主Xは、売主Yに対して3月20日までにこの潤滑油を納入するよう催告をした。Yは、潤滑油の輸入に時間を要するので、競合他社が販売する代替品を購入するよう勧めたが、Xは、これに応じず、3月21日に契約を解除した。その20日後に、Yは潤滑油を輸入することができたので、Xに対し、引渡しの提供をした上で、代金2100万円の支払を求めた。Yは、Xが代替の潤滑油を使用していれば契約目的の達成は可能であったと主張している。

買主 X は、解除を理由に、Y の代金支払請求を拒むことができるか。

A　Y は、契約目的の達成は可能だったと主張していますが、この主張は舌足らずです。改正民法の下では、Y は、催告期間が満了した 3 月 20 日の時点で潤滑油の引渡しができなかったことが、「契約及び取引上の社会通念に照らして軽微である」ことを主張し、立証しなければなりません（改正民法 541 条ただし書）。

　その前提で考えると、まず、問題の潤滑油は、本体の掘削機の 20 分の 1 の価格の消耗品に過ぎません。また、当初の不履行は天災という不可抗力によるもので、保管場所の選定・管理に問題がない限り、Y に落ち度があるとはいえません。しかも、Y は、催告を受けてすぐに代替品の購入を勧めています。これらの事情は、「軽微性」の認定に傾く、Y にとって有利な、X にとっては不利な事情といえます。しかし、この潤滑油は、本体の最先端の掘削機を動かすのに必要な専用の最適品であるとして、Y 自身が宣伝していたのですから、X としては、代替品を勧められても、それだけでは簡単に応じることはできないでしょう。したがって、Y としては、催告を受けた時点で、本来の潤滑油の輸入に要する時間の見込み、代替品によってもこの掘削機を動かすのに不都合はないこと、代替品の納入に要する時間・コストとこれに伴う X の負担の軽減策等を具体的に説明する必要があると思われます。

　以上のような、契約の内容、契約締結に至る経緯、当初の不履行後の当事者の折衝内容等に加えて、取引通念にも照らして、催告期間が満了した時点で潤滑油の引渡しができなかったことが「軽微な不履行」といえるかが判断されることになります。少なくとも、本体の掘削機の 20 分の 1 の価格の消耗品に過ぎないこと

だけを理由に、直ちに不履行が軽微であるとして、解除の効力が
否定されることはないと考えられます。

Q 4-2 無催告解除の要件

Q X 社は、Y 社所有の工場とその敷地および隣接する空き地を、
工場とその敷地は 10 億円、空き地は 2 億円で購入することとし、
Y 社との間で、履行期を 3 月 10 日とし、その日に、代金 12 億円
の支払と引き換えに引渡しと所有権移転登記を受ける旨の売買契
約を締結した。ところが、この空き地を 3 億円で買いたいという
第三者が現れたため、Y は、3 月 1 日に空き地を第三者に売却し、
所有権移転登記も了した上で、3 月 10 日に、工場と敷地の移転登
記手続に必要な書類と引渡しに必要な鍵等を持参して、X に対し、
代金 10 億円の支払を求めた。X 社は、催告をせずに契約全部を解
除し、代金の支払を拒むことができるか。

A 契約の目的の一部であった空き地を、勝手に第三者に売却して
おきながら、工場と敷地の売買契約の履行を求めるという不誠実
な売主に対する対応を問うものです。

前提として、空き地が売却され第三者が対抗要件を備えた時点
で、XY 間の空き地の売買契約は履行不能と評価されるので（改正
民法 412 条の 2 第 1 項参照）、空き地部分の売買について、無催告
の一部解除をすることができることはいうまでもありません（改
正民法 542 条 2 項 1 号）。

問題は、契約の全部解除ができるかですが、これは、「債務の一
部が履行不能である場合……において、残存する部分のみでは契
約をした目的を達することができないとき」という改正民法 542
条 1 項 3 号の要件が認められるかにかかっています。この点の主

45

張立証責任はXにありますが、Xは、空き地についても2億円もの資金を投入して買おうとしたのですから、通常は、空き地を含む土地全体を利用する計画（空き地にも工場を新築して既存の工場と一体として利用するとか、既存の工場を取り壊して、空き地を含む土地全体に新たな工場を建設する等）を有していたはずで、このことは契約の前提となっていた（Yも知っていた）のが通常でしょうから、全部解除が認められる可能性が高いと思われます。

しかし、例外的に、Xには、当面、空き地の使用計画はなく、既存の工場とその敷地および空き地を一体としたセットの売買とはいえないような場合には、残存する部分のみでは契約目的が達成できないものと評価することはできず、全部解除はできないということになります。

Q 4-3 債務者の履行不能と債権者の対抗手段（解除と危険負担の効果）

Q　百貨店業を営む傍ら、美術館を経営するX社は、画商Y所有のゴッホの絵画を1億円で買い受けることにし、Yとの間で、履行期を3月10日とし、この日に絵画の引渡しを受けるのと引き換えに代金1億円を支払う旨の売買契約を締結した。Xは、この絵画が美術館の目玉になり、美術館の入場料収入の増加を見込めるほか、本体の百貨店業の宣伝にもなって、売上げが伸びると考えていた。

ところが、3月5日の夜、近隣で発生した火災がYの画廊に延焼し、この絵画が焼失した。履行期の3月10日に、YがX社に対し売買代金1億円の支払を求めた場合、X社はYに対し法的にどのような主張をすることができるか。また、Yは、絵画の焼失は延焼という不可抗力によるものであることを理由に、Xの法的主

46

張に対抗することができるか。

A 絵画の焼失により Y の絵画引渡債務は履行不能になります。し
たがって、X は、以下の 3 点の法的主張をすることができ、これ
に対する Y の対抗措置の可否等は、以下のとおりとなります。

第 1 に、X は、危険負担により、反対債務である代金の支払を
拒絶することができます（改正民法 536 条 1 項）。同項は「当事者双
方の責めに帰することができない事由によって債務を履行するこ
とができなくなったときは」と規定していますが、この文言は事
柄をわかりやすく表現するために付されたもので、双方に帰責事
由がないことを債権者（設問の X）が主張立証しなければならな
いという趣旨ではありません。Y は、絵画の焼失につき X に帰責
事由があることを主張立証して対抗するしかないので（改正民法
536 条 2 項本文）、不可抗力であると主張しても、X の代金支払拒
絶という危険負担の効果を覆すことはできません。

第 2 に、X は、催告をしないで契約を解除し、自身の代金支払
債務を消滅させることができます（改正民法 542 条 1 項 1 号）。Y は、
絵画の焼失につき X に帰責事由があることを主張立証して対抗
するしかないので（改正民法 543 条）、不可抗力であることを理由
に、X がした解除の効果を消滅させることはできません。

第 3 に、X は、Y に対し、この絵画を展示することができたら
得られたであろう逸失利益に相当する額を、債務不履行による損
害賠償として請求することができます（改正民法 415 条 1 項本文）。
もっとも、X が想定していた、美術館の入場料収入増加分や本業
である百貨店業の宣伝効果による売上増加分が確実に生じたであ
ろうことを、具体的に立証することは相当困難と思われますが、
仮に、その一部でも立証ができた場合には、Y は、絵画の焼失が

「契約及び取引上の社会通念に照らしてYの責めに帰することができない事由によるものである」ことを主張立証しなければ、その賠償義務を免れることはできません（改正民法415条1項ただし書）。Yは、延焼だから不可抗力だと主張していますが、この立証もそれほど容易ではなく、たとえば、高価な絵画を買主のために保管する画廊であれば通常備えておくべき防火・消火態勢が不十分であったために、延焼を避けることができず（たとえば、警備会社との連携態勢やスプリンクラー・防火壁等の設備がないか、あっても十分に機能しなかった等）、絵画が焼失したというような場合には、Yに免責事由があるとはいえないことになります。

5 債権者代位権

1 改正のポイント

(1) 判例・通説ルールの明文化

　現行民法には、債権者代位権に関する規定は423条の1か条しかなく、その内容の多くが判例および解釈に委ねられていましたが、改正民法では、解釈上異論のない内容や判例法理が明文化されたので、条文を読むだけで、制度の仕組みが理解できるようになりました。

　明文化された判例・通説ルールは、①強制執行により実現できない債権（自然債務など）は被代位権利にならないこと（改正民法423条3項）、②被代位権利の目的が可分であるときは、自己の債権の額の限度でしか行使できないこと（改正民法423条の2）、③債権者は自身への直接の金銭の支払または動産の引渡しを請求することができ、相手方が支払または引渡しをしたときは、被代位権利は消滅すること（改正民法423条の3）、④相手方は債務者に対する抗弁を代位債権者にも主張し得ること（改正民法423条の4）および⑤登記・登録の請求権を保全するための債権者代位権も認められること（改正民法423条の7）などです。

(2) 事実上の債権回収機能

　上記(1)③により第三債務者から直接金銭を受領した代位債権者は、その金銭を債務者に返還する債務を負うことになりますが、現行民

49

法下では、この返還債務を被保全債権と相殺することが認められていました。取引実務でも、この相殺を禁止する明文の規定がない以上、当然のことと考えていたものです。しかし、これは、債務名義を持たない代位債権者に優先弁済権を認める結果になる（事実上債権回収機能を認めることになる）ので、批判があり、今回の法案の検討過程でも、この相殺を禁止する規定の新設が検討されましたが、結局、見送られました。したがって、相殺による債権回収機能は、改正民法下においても維持されることになりますが、後記(4)のとおり、債務者は、被代位権利について取立てその他の処分をすることを妨げられず、相手方も債務者に対して履行することを妨げられないことになったので（改正民法 423 条の 5）、この限度で債権回収機能は制約を受けることになります。

《実務上の注意点》相殺禁止の規定が新設されなかったので、安堵している向きもあるかもしれませんが、新設された改正民法 423 条の 5 による制約があることには留意が必要です。

→ Q 5 -1 債権者代位権の行使

(3)　裁判上の代位の廃止

現行民法は、債権者の債権は履行期にあることを要するとした上、その例外として、裁判上の代位および保存行為の 2 つを挙げていました（現行民法 423 条 2 項）。

改正民法では、債権者の債権が履行期にあることを要すること、保存行為はその例外となることは維持されましたが、裁判上の代位は廃止されました（改正民法 423 条 2 項）。裁判上の代位とは、非訟事件手続法に基づく非訟手続の 1 つで、裁判所の許可を得て履行期前に代位行為をするというものですが、その利用実績が皆無に近いこ

と（民事保全の制度（民事保全法 20 条 2 項参照）で代替できるからです）
から、廃止されることになったものです。これに伴い、非訟事件手
続法 85 条から 91 条までの規定は削除されます。

(4)　債務者の保護

　判例は、債権者が債権者代位権の行使に着手し、債務者がその通
知を受けるか、通知がなくともこれを知ったときは、債務者は被代
位権利についての処分権限を失うとしていましたが（大判昭和 14・
5・16 民集 18 巻 9 号 557 頁。この大審院判決を引用する最判昭和 48・4・
24 民集 27 巻 3 号 596 頁）、これに対しては、債務者の処分権限を奪う
のは過剰であるとの批判がありました。債権者に債務者の権利を管
理する権限を与えた以上、債務者による権利行使ができなくなるの
は当然と考えるか、債権者代位権は、債務者が自ら権利行使をせず、
その一般財産の減少を放置する場合に発動されるのだから、債務者
の権利行使自体を禁ずるのは行き過ぎだと考えるか、なかなか難し
い問題ですが、改正民法は、後者の見解を採用し、債権者が被代位
権利を行使した場合であっても、債務者は、被代位権利について、
自ら取立てその他の処分をすることを妨げられず、相手方も債務者
に対して履行をすることを妨げられない旨を定めました（改正民法
423 条の 5）。債務者保護の観点から、判例の変更に踏み切ったもの
です。

　ところで、債権者が代位訴訟を提起した場合、この訴訟の訴訟物
は被代位権利（つまり、債務者に属する権利）なので、これについて債
務者自らがさらに訴えを提起することは、二重起訴に該当して許さ
れず（民事訴訟法 142 条）、かつ、その判決の効力は債務者にも及ぶ
ことになります（民事訴訟法 115 条 1 項 2 号）。それにもかかわらず、
現行民法には、債権者が訴えを提起したことを債務者が知り得るよ

うな仕組みは全くありません。そこで、改正民法では、債権者代位訴訟を提起した債権者は、遅滞なく債務者に訴訟告知をしなければならない旨を定めました（改正民法423条の6）。手続保障の観点から、債務者に、補助参加などの訴訟に関与する機会を与えるものです。

《実務上の注意点》取引実務では、債権者と債務者との折衝が先行するので、債権者に言われなくても、債務者は、代位訴訟が提起されることをわかっていたはずだと思われるケースもあるでしょう。しかし、今後は、そのようなケースも含めて一律に、訴訟手続としての訴訟告知を行うことを要し、それも遅滞なく行う必要があるので、注意を要します。

→ Q 5 -1　債権者代位権の行使

2　ケーススタディ

Q 5 -1　債権者代位権の行使

Q　シンプルな次の事案で、Xは、YのZに対する債権（被代位権利）を行使したいと考えている。その行使の要件、行使の方法、行使した場合の効果について、

　　①　現行民法の規定および判例・通説による解釈が、改正民法によっても維持されているのは、どの点か。

　　②　改正民法によって変わったのは、どの点か。

A 《①について》：次の点は、維持されています。

(ア) 行使の要件は、現行民法の規定などが踏襲されています。すなわち、保全の必要があること（Yの無資力およびYが権利を行使していないこと。現行民法 423 条 1 項本文→改正民法 423 条 1 項本文）、Yの債権が差押禁止債権ではないこと（通説→改正民法 423 条 1 項ただし書）、Xの債権の期限が到来していること（現行民法 423 条 2 項→改正民法 423 条 2 項本文）が要件となります。

(イ) Xが代位行使できるのは、YのZに対する 200 万円の債権のうち 150 万円の範囲に限られます（判例→改正民法 423 条の 2）。

(ウ) Xは、Zに対し、直接Xに 150 万円を支払うよう求めることができ、Zがこれに応じて支払うと、ZのYに対する債務は 50 万円に減少します（判例→改正民法 423 条の 3）。

(エ) 上記(ウ)の場合に、Xは、受領した 150 万円をYに返還する債務と、Yに対する 150 万円の債権を相殺することにより、事実上 150 万円の債権を回収することができます（判例→改正民法にも相殺禁止の規定がないこと）。

(オ) Zは、Yに対して主張し得る抗弁（同時履行の抗弁など）をもって、Xに対抗することができます（判例・通説→改正民法 423 条の 4）。

《②について》：変わったのは、以下の 2 点のみです。

(ア) 判例は、Xが債権者代位権の行使に着手し、Yがその通知を受けたか、通知がなくともこれを知った場合には、Yは被代位権利についての処分権限を失うとしていましたが、改正民法は、債務者保護の観点から、この判例を変更し、

この場合であっても、Yは、200万円の債権について自ら取立てその他の処分をすることができ、Zも、Yに対して200万円の弁済をすることができることとしました（改正民法423条の5）。

(イ) Xが債権者代位訴訟を提起した場合、現行民法には、Xが訴えを提起したことをYが知り得るような仕組みはありませんが、改正民法は、債権者代位訴訟を提起したXは、遅滞なくYに訴訟告知をしなければならない旨を定めました（改正民法423条の6）。

⑥　詐害行為取消権

1　改正のポイント

　詐害行為取消権とは、債権者を害する債務者の行為（詐害行為）を、訴えによって取り消し、債務者の財産から逸出した物や権利を債務者のもとに回復する権利です。現行民法には、424条から426条までの3か条の規定しかなく、その内容の多くが判例および解釈に委ねられていましたが、制度上の課題も少なくなく、立法による解決が期待されていた問題もありました。改正民法は、新破産法の規律等も踏まえて、必要な見直しを行い、14か条の規定を整備したので、条文を読むだけで、制度の全体像を理解できるようになりました。

(1)　詐害行為の類型──新破産法の否認権と整合させる

①　財産減少行為（一般要件）

　詐害行為の一般的な要件については、改正民法は、現行民法の規定を踏襲しています（改正民法424条1項、現行民法424条1項）。つまり、たとえば現金500万円の他には財産がないXが、Aに対し400万円の債務を負っていたとします。財産を減少させる贈与は、詐害行為の典型ですが、XがYに100万円を贈与しても詐害行為にはなりません。しかし、200万円を贈与すると、Aに対する債務全額を弁済することができなくなるので、客観的には詐害行為になります。さらに主観的要件として、Xの詐害の意思とYの悪意が必要で、Yの悪意については、Yの方で、Aを害するとは知らなかったこと

を主張立証しなければなりません。

　もっとも、判例は、財産減少行為ではなくても、詐害行為になる場合があることを認めていましたが、その要件は必ずしも明確ではなく、個別の判例の射程距離等を巡って学説も分かれていました。改正民法は、この判例法理に加えて、一連の倒産制度改革を経て平成 16 年に成立した新しい破産法の否認権の規律を踏まえ、①財産減少行為に対する特例として、①よりも厳しい要件を課した、次の②相当価格処分行為、③偏頗行為という行為類型を定めました。④過大な代物弁済は、①、③の複合型です。

②　相当価格処分行為

　X の唯一の財産が時価 400 万円の土地で、これを Y に 400 万円で売ったとします。不動産が金銭になっただけで、X の資産総額は変わりませんが、金銭は隠匿しやすいので、改正民法は、X に隠匿の意思があり、受益者 Y も X の隠匿の意思を知っていた場合には、詐害行為として取り消せることとしました（改正民法 424 条の 2）。これは、破産法 161 条 1 項の否認の要件と同一です。

　ところで、平成 16 年に成立した新しい破産法は、否認の対象を財産減少行為と偏頗行為に区別した上で、行為類型ごとに要件を明確にし（破産法 160 条から 162 条まで）、否認権の成立範囲を限定しました。その意図は、経済的苦境に陥った債務者と取引しようとする者に、将来の否認リスクを的確に予測させることにより、債務者との取引を躊躇させないようにする（債務者の資金調達等が妨げられないようにする）ことにあります。一方、相当価格処分行為の詐害性についての判例は、債務者が売却代金を「有用の資」に充てたなど、その目的、動機が正当なものである場合には、例外として詐害行為にはならないとして、売却の目的や代金の使途等の主張立証責任を、

取消訴訟の相手方である受益者に負わせています。したがって、受益者がこの事実を立証できなかった場合には、否認権は認められないのに、取消権は認められるという逆転現象が生じることになりました。これでは、破産後の否認リスクは予測し得ても、平時の取消リスクの方が大きいため、取引相手を萎縮させることになりかねません。

　そこで、改正民法は、破産法上の否認の対象とならない行為は、取消しの対象にもならないことを、規定上明確にしたわけです。

③　偏頗行為

　次に、Yも、Aと同じくXに対し 400 万円の債権を有する債権者で、そのYに対し、Xが、なけなしの現金 400 万円で弁済した場合はどうかという問題です。債務の本旨に従った弁済（本旨弁済）は、財産を減少させるものではありません。しかし、本来ならAとYに 200 万円ずつ弁済がなされるべきで、債権者の平等を損ねる偏頗行為に当たります。ただ、Yが大事な取引先で、Xが事業を続けるためにはYに弁済して取引を続けてもらう必要があったとなると、また事情が変わります。判例は、本旨弁済は原則として詐害行為にならないが、債務者と受益者とが通謀して他の債権者を害する意思をもって行われた弁済は、詐害行為取消しの対象になるとし、一方、破産法 162 条 1 項 1 号は、債務者（破産者）が支払不能になった後に行われた偏頗行為を、否認の対象にしています。

　そこで、改正民法は、その弁済が、Xが支払不能（債務者が、支払能力を欠くために、その債務のうち弁済期にあるものにつき、一般的かつ継続的に弁済することができない状態）であった時に、XとYとが通謀してAを害する意図をもって行われたときには、取り消せることとしました（改正民法 424 条の 3 第 1 項）。判例が要件としていた通

謀・詐害意図に加えて、破産法の「支払不能」の要件も要求することとしたわけです。これにより、支払不能前の偏頗行為は否認の対象にはならないのに、詐害行為取消しの対象にはなり得るという逆転現象も、解消されることになりました。

　さらに、XのYに対する弁済が、Yの債権の弁済期が到来する前に行われたような場合はどうか。これは悪質ですから、支払不能になっていなくても取り消せるようにすべきです。改正民法は、破産法162条1項2号と同じく、支払不能になる前30日以内であれば、取り消せることとしました（改正民法424条の3第2項）。

→ Q 6 -1 詐害行為として取り消される可能性（取消リスク）

④　過大な代物弁済

　Xの唯一の財産が時価600万円の土地で、これを代物弁済として、400万円の債権者であるYに譲渡した場合はどうか。過大な代物弁済になるので、改正民法は、その過大部分（債権額をオーバーする200万円の部分）については、③偏頗行為の厳格な要件（改正民法424条の3）がなくても、①財産減少行為の一般要件があれば、取り消せることにしました（改正民法424条の4）。債権額400万円までの部分は、③の厳格な要件があれば取り消せることはいうまでもありません。これも、過大な代物弁済全体を、偏頗行為否認の対象にしつつ（破産法162条1項・2項2号）、このうち過大な部分については、財産減少行為否認の対象にもしている破産法の規律（同法160条2項・1項）と整合性をとったものです。

⑤　転得者に対する詐害行為取消請求

　上記②相当価格処分行為の設例で、問題の土地が、受益者Y→Z₁→Z₂に順次譲渡され、債権者AがZ₂に対し取消請求をした場合、「債

務者の行為が債権者を害すること」を知っていたか否かについて、誰の認識を問うべきかという問題があります。

　判例は、受益者は善意でも、転得者が悪意なら、転得者に対する取消権の行使を認めるとしていますが、受益者が善意であれば、本来、債務者の行為は詐害行為にならないはずなので、この結論には疑問が残ります。恐らく、取消債権者と転得者との関係でのみ取り消される（後記(3)の相対的取消し）のだから、転得者の認識のみを問題にすれば足りるという考え方によるものと思われますが、改正民法は、相対的取消しから絶対的取消しへと制度を見直したので（後記(3)のとおり）、この考え方はとれません。

　これに対し、破産法は、取引の安全を図る観点から、いったん善意者を経由した以上、その後に現れた転得者に対しては、たとえその転得者が悪意であったとしても、否認権を行使することができないとしています（破産法170条1項1号）。

　そこで、改正民法は、転得者に対し取消請求をするためには、受益者に対して詐害行為取消請求をすることができる場合であることを要する（したがって、受益者の悪意が必要）とした上で、転得者全員の悪意（各転得の当時、債務者の行為が債権者を害することを知っていたこと）を要することとしました。（改正民法424条の5）。

　転得者全員が悪意であることの主張立証責任は、取消債権者が負うものと解されます。ただし、受益者に対する取消訴訟では、受益者の認識について、債権者を害することを知らなかったことを、被告となる受益者が主張立証しなければならないので（改正民法424条1項ただし書参照）、転得者に対する取消訴訟では、被告となる転得者が、債権者を害することを受益者が知らなかったことを、主張立証しなければならないものと解されます。

《実務上の注意点》なお、上記②相当価格処分行為のケースでは「債務者が隠匿の意思を有し、受益者がそれを知っていたこと」についても、上記③偏頗行為のケースでは「債務者が支払不能のときに、債務者と受益者が通謀して他の債権者を害する意図をもって行われたこと」についても、それぞれ、転得者の悪意が必要となるものと思われますが、そうすると、転得者に対する取消請求のハードルが、さらに高くなるので、それでもよしとするか異論もあろうかと思います。条文には明記されていないので、判例の動向に留意しておく必要があります。

⑵　事実上の債権回収機能

　取消債権者は、逸出した財産の返還として金銭の支払または動産の引渡しを求める場合には、直接自己に対して支払または引渡しをするよう求めることができます（改正民法424条の9第1項前段）。これは、現行民法下の判例法理を明文化したものです。

　ところで、現行民法下では、取消債権者は、直接支払を受けた金銭を債務者に返還する債務と債務者に対する債権とを相殺することが認められていました。しかし、これは、債権者代位権の場合と同じく、取消債権者に優先弁済権を認める結果になる（事実上、債権回収機能を認めることになる）ので、批判があり、とりわけ、詐害行為取消権の場合には、先に弁済を受けた者が後に弁済を受けようとした者から詐害行為取消権を行使されると、後に弁済を受けようとした者のみが債権の回収を実現することになりかねないという問題（いわゆる遅いもの勝ち）も指摘されていました。

　今回の法案の検討過程でも、この相殺を禁止する規定の新設が検討されましたが、結局、見送られました。したがって、相殺による債権回収機能は、改正民法下においても維持されることになります。

(3) 詐害行為取消しの効果——相対的取消しから絶対的取消しへ

　Xが唯一の財産である土地をYに売却したので、Aがその取消しを求めたという設例に戻ります。判例は、詐害行為取消しの効果は、Aと受益者Y（または転得者）との間においてのみ生じ、債務者Xには及ばないとし（相対的取消し）、したがって、詐害行為取消訴訟においてはY（または転得者）のみを被告とすれば足り、Xを被告とする必要はないとしていました。責任財産を保全する（逸出した財産を取り戻す）のが制度目的である以上、AとY（または転得者）との関係でのみ取り消しておけば足りるはずだからです。

　しかし、たとえば、取消債権者は、土地の登記名義を債務者に戻して強制執行の対象にすることができ、また、直接引渡しを受けた金銭については、これを債務者に返還する債務を負う（上記(2)のとおり）とされていますが、これらの事柄は、債務者にも取消しの効果が及ぶという理屈をとった方が、説明しやすいように思われます。

　また、相対的取消しの考え方によれば、Yは、Aが提起した取消訴訟で敗訴して、土地を返還することになっても、Xとの間では売買は有効なので、Xに対し売買代金の返還を求めることはできません。これは理不尽の感が残ります。もっとも、登記名義がXに戻った土地に、Aが強制執行をかけて債権の満足を得れば、Yが失った土地により、Xは債務消滅という利得を得たといえるので、YはXに対し不当利得返還請求をすることができることになりますが、これでは、法律関係が複雑になるばかりで、しかも、この不当利得返還請求権は、A（および他の債権者）に劣後するのに、A（および他の債権者）は、Xの責任財産の中にYが支払った代金が残っていた場合には、その代金と、YがXに返した土地の双方から弁済を受けら

れるという不合理な事態を招きます。

　こうしたことから、改正民法は、詐害行為取消請求を認容する確定判決の効力は債務者にも及ぶこととしました（改正民法425条）。判例を変更し、相対的取消しから絶対的取消しへと転換したわけです。もっとも、債務者を被告とすることまでは要求せず、取消訴訟を提起した債権者に、遅滞なく債務者に訴訟告知することを義務付けるにとどめています（改正民法424条の7第2項）。

《実務上の注意点》訴訟告知を失念しないように注意しておく必要があることは、債権者代位権の場合と同様です。

　取消判決の効力が債務者にも及ぶとされた結果、債務者と受益者との法律関係の原状回復も、直ちに実現することになりました。すなわち、設例のような売買が取り消されたときは、受益者（Y）は債務者（X）に対して反対給付である売買代金の返還を請求することができ（改正民法425条の2）、また、弁済のような債務消滅行為が取り消され、受益者が弁済金を返還したときは、受益者の債務者に対する債権は復活することとされました（改正民法425条の3）。債務者がした行為が転得者に対する詐害行為取消請求によって取り消されたときも同様で、転得者は、受益者の債務者に対する反対給付の返還請求権または復活した債権を、転得者が出捐した価額の限度で行使することができるものとされました（改正民法425条の4）。

(4)　権利行使期間の短縮など

　現行民法426条は、詐害行為取消権は、債権者が取消しの原因を知った時から2年の消滅時効にかかり、詐害行為の時から20年が経過した時も同様と規定しています。そして、この長期の20年は除斥期間と解されていました。

改正民法は、これを、「詐害行為取消請求に係る訴えは、債務者が債権者を害することを知って行為をしたことを債権者が知った時から 2 年を経過したときは、提起することができない。行為の時から 10 年を経過したときも、同様とする」と改めました（改正民法 426 条）。

（i）2 年の期間の起算点を、判例の説示に従って正確に記述し、（ii）詐害行為取消権は実体法上の形成権ではないことから、これらの期間は時効期間ではなく出訴期間であることを明らかにし、（iii）債務者の無資力状態を 20 年も放置してきた債権者に権利行使をさせる必要はないとみて、20 年の期間を 10 年に短縮したものです。

2　ケーススタディ

Q 6-1　詐害行為として取り消される可能性（取消リスク）

Q　X 社は、事業は継続しているものの、最近財務状況が悪化して債務超過に陥り、銀行に対する借入金（元本）弁済を一時停止している。

　次の①の事例において、Y が X 社の要請に応じて土地を購入することが、②の事例において、Y 社が、X 社に要求して弁済をさせたことが、（今後、X 社の仕入先が提起することが考えられる詐害行為取消訴訟において）詐害行為として取り消される可能性があるか。

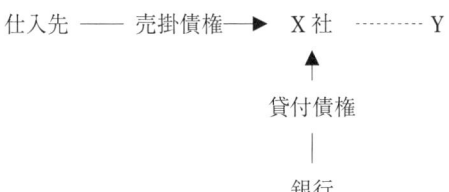

① Yは、X社と取引等はなく、X社の社長の友人であるという以上の関係はない。Yは、X社の社長から、資金繰りのために同社所有の無担保の遊休地を、時価の500万円で購入してくれないかと頼まれた。

② X社は、複数の仕入先に対し、一律、月末締め、翌々月末払いで、売掛債権の弁済をしている。ところが、X社にとって最大の仕入先であるY社は、X社が銀行に対する弁済を一時停止している事実を知ったので、X社に対し、(i)現時点でY社がX社に対して有する売掛債権全額を弁済すること、(ii)今後は、商品の引渡しと引き換えにその代金を現金で支払うことを要求した。X社は、財務状況は悪化しているものの、当面事業継続は可能で、Y社の要求に応じても資金繰りは破綻しない状況にあったので、これに応じて売掛債権の全額を弁済し、Y社を含む仕入先との取引を続けてきたが、それから半年後に至って、仕入先に対する弁済が慢性的に遅滞するようになった。

A ①、②とも、改正民法下では、詐害行為として取り消される可能性はありません。

《①について》

Yが求められているのは、時価相当額による土地の購入なので、改正民法424条の2（相当の対価を得てした財産の処分行為の特則）の適用が問題になります。土地が金銭になってもXの資産総額は変わりませんが、金銭は隠匿しやすいので、同条は、Xに隠匿の意思があり、受益者YもXの隠匿の意思を知っていた場合に限って、詐害行為として取り消せることとしています。これは、破産法161条1項の否認の要件と同一です。

①のケースについてみると、X社の代表者に、土地を現金に換

えて隠匿しようという意思があることを推認させるような事情は
窺えません。また、万一、X社の代表者に隠匿の意思があったと
しても、そのことを打ち明けられない限り、Yは知り得ないでしょ
う。したがって、同条が適用されることはなく、改正民法下では
取り消されることはないということができます。

　ちなみに、現行民法下の相当価格処分行為の詐害性に関する判
例は、債務者が売却代金を「有用の資」に充てたなど、その目的、
動機が正当なものである場合には、例外として詐害行為にはなら
ないとして、売却の目的や代金の使途等の主張立証責任を、取消
訴訟の相手方である受益者に負わせていたので、Yがこの事実を
立証できなかった場合には、取り消されることになります。

　このようにみてくると、改正民法が、「隠匿」に焦点を絞った厳
しい要件を導入したので、取消リスクの予測が容易になったこと
が、わかります。

《②について》

　Y社がX社に要求したのは、この時点では履行期が到来してい
ない売掛債権全額を、Y社にのみ弁済することですから、X社が
これに応じて全額を弁済した行為については、改正民法424条の
3（特定の債権者に対する担保の供与等の特則）第2項の適用が問題
となります。同項は、その弁済が、X社が支払不能になる前30日
以内に、X社とY社とが通謀して他の債権者を害する意図をもっ
て行われたときに限って、取り消すことができるとしています。
これは、破産法162条1項2号の要件（支払不能になる前30日以内）
と現行民法下の判例の要件（通謀と詐害意思）の双方を必要とした
ものです。

　「支払不能」とは、倒産法上の概念で「債務者が、支払能力を欠
くために、その債務のうち弁済期にあるものにつき、一般的かつ

継続的に弁済することができない状態」をいいます（改正民法424条の3第1項1号）。②のケースでは、X社は、当初は、銀行に対する元本弁済を一時停止しているものの、仕入先に対する弁済は続けているので、支払不能までは至っておらず、この弁済を慢性的に遅滞するようになった半年後の時点で初めて支払不能に陥ったと認められる可能性が高いと思われます。この場合、X社のY社に対する履行期未到来の売掛債権の弁済は、支払不能になる前30日以内に行われたものではなく、改正民法424条の3第2項は適用されません。

　ちなみに、現行民法下では、判例による、通謀と詐害の意思という要件の有無のみが問題になります。②のケースでは、Y社の要求に応じてもX社の資金繰りが直ちには破綻しない状況にあったこと（少なくとも、X社はそう認識していたこと）、X社は、Y社に要求されて弁済に応じたものであることに照らすと、X社に、積極的な通謀と詐害の意思があったとまでは認め難いように思われます。もっとも、この主観的要件の有無は、X社の資産状況、仕入先の売掛債権額の推移、X社とY社の折衝経過等を総合して認定判断されることになるので、たとえば、X社の財務状況の推移を子細にみると、Y社に無理な弁済をしたために半年後の支払不能を招いたということができ、X社もY社もそうなることはわかっていたはずだと認められるような場合など、個々の間接事実の立証いかんによっては、結果的に通謀と詐害意思ありとされる可能性もないとはいえないでしょう。

　このようにみてくると、改正民法が「支払不能」、「支払不能前30日」の要件を導入したことにより、取消リスクの予測が容易になったことが、わかります。

7　多数当事者

1　改正のポイント

(1)　連帯債務

①　相対的効力の原則の徹底

連帯債務者相互の結びつきの強弱はケースによって様々なので、連帯債務者の一人について生じた事由の効力は、他の連帯債務者には及ばない（相対的効力にとどまる）のが原則です。しかし、現行民法は、この原則をとりながら（現行民法440条）、連帯債務者の一人について生じた履行の請求、更改、相殺、免除、混同、時効の完成の効力は、他の連帯債務者に対しても及ぶ（絶対的効力がある）として（現行民法434条〜439条）、広く例外を認めているため、原則と例外の逆転が生じているとの批判もありました。

そこで、改正民法は、履行の請求、免除、時効の完成を絶対的効力事由から外し、相対的効力の原則を徹底させました（改正民法441条本文、438条、439条1項、440条）。ただし、「債権者と他の連帯債務者の一人が別段の意思を表示したときは、当該他の連帯債務者に対する効力は、その意思に従う」としています（改正民法441条ただし書）。

なお、更改の絶対効を維持したのは、更改が、旧債務を消滅させるという弁済と同じ効果を有するものなので、弁済と同様に扱うのが相当と考えられたからです。ちなみに、取引実務上、更改契約が利用されることはほとんどありません（本書133頁以下参照）。混同

の絶対効を維持したのは、債権者と連帯債務者の一人Aの間に混同が生じた場合、もし相対効とすると、他の連帯債務者は、Aに対して債務を全部履行した後、Aに対して求償するという迂遠な処理を余儀なくされるからです。相殺の絶対効を維持したのは、反対債務を消滅させるという弁済と同じ効果を有するからですが、現行民法が、債権者に対して反対債権を有する連帯債務者が相殺を援用しない間でも、他の連帯債務者はその負担部分について相殺を援用することができるとしていた（現行民法436条2項）のを、抗弁権を有するにとどまると改めています（改正民法439条2項）。

《実務上の注意点》履行の請求、免除、時効の完成が絶対的効力事由ではなくなるので、債権管理上、十分に注意しておかなければなりません。連帯債務者の一人との間で、他の連帯債務者に対し請求をしたときはその効力は自身にも及ぶといった特約を結んでおく必要がないかについても検討しておくべきでしょう（改正民法441条ただし書）。

→ Q 7 -1 連帯債務者の一人について生じた事由の効力

② その他

その他、改正民法では、破産法104条の存在により空文化していた連帯債務者について破産手続開始があった場合に関する現行民法441条の廃止、通知を怠った連帯債務者の求償の制限に関する現行民法443条の見直し、従来から批判の強かった連帯の免除の効果に関する現行民法445条の廃止などの改正がされています。

(2) 不可分債務、不可分債権、連帯債権

現行民法の不可分債務と不可分債権の成立要件には、債権の目的が性質上不可分である場合と、性質上は可分だが当事者の意思表示によって不可分とされる場合とがありますが（現行民法428条、430

条）、改正民法は、これを性質上不可分である場合に限定しました（改正民法 428 条、430 条）。

この結果、改正民法では、従来の不可分債務のうち意思表示によって不可分とされていたものは連帯債務に整理されることになり、従来の不可分債権のうち意思表示によって不可分とされていたものは新設された連帯債権の規定に服することになりました（改正民法 432 条〜435 条の 2）。連帯債権者の一人に生じた事由の効力については、相対的効力を原則とし（改正民法 435 条の 2）、相対的効力にとどめたのではかえって法律関係が複雑になる場面（連帯債権者の一人との間の免除や相殺など）では、絶対的効力が生じるものとされています（改正民法 433 条〜435 条）。

以上は、債権者または債務者が多数になる場合の法的概念を整理し、かつ、従来から解釈により認められていた連帯債権について明文の規定を置いたものであり、実務に与える影響はほとんどないといってよいでしょう。

(3)　経過措置

改正民法の施行日前に生じた債権および債務については、なお現行民法によって規律されることとされています（改正法附則 20 条）。

2　ケーススタディ

Q 7-1　連帯債務者の一人について生じた事由の効力

Q　共同で事業を営む Y と Z は、その事業に必要な資金を調達するために X 社より 1000 万円の借入れを行った。その際、XYZ 間で YZ が連帯（負担割合＝1：1）して X に対する借入債務を負担する旨の合意をした。その後、借入債務の弁済期が到来し、X はその

ことを認識しているものの、YZ に支払の目途が容易には立ちそ
うにない状況にある。

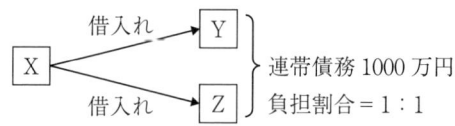

①　弁済期到来から 4 年を経過したとき、X は、その時点である程度
　　の資力があるように見えた Y に対して借入債務の履行を求めて
　　訴えを提起した。Y との訴訟が思いのほか長引き、訴え提起から
　　さらに 1 年半が経過してしまったが、他方で、X は、Z がまとまっ
　　た資金を手に入れたとの情報を得たため、今度は Z にも履行を
　　請求した。Z は履行を拒絶できるか。

②　弁済期到来から 4 年を経過したとき、X は、借入債務の未返済を
　　気に病んでいた Y より、「X からの 1000 万円の借入債務は、今
　　後まとまった資金を手に入れ次第、必ずお返しします」といっ
　　た旨が明記された念書の差入れを受けた。その後さらに 3 年が
　　経過したが依然として借入債務の履行がなく、X は、Y に対して
　　借入債務の履行を求める訴えを提起した。Y は、X に対して、借
　　入債務の全額 1000 万円を支払わなければならないか。

③　Z は X の元社員であり、X の社長以下の役職員と公私ともに懇
　　意にしている仲にあった。弁済期到来から 2 年程度が過ぎた頃、
　　Z は、Z の X 在籍時代の功績等も考慮され、X と相談の上、特別
　　に借入債務の全額について債務免除を受けた。その後間もなく、
　　X は、Y に対して借入債務の履行を求めて訴えを提起した。Y は、
　　X に対して、借入債務の全額 1000 万円を支払わなければならな
　　いか。

④ ②や③の場合において、Yは、Zにその負担部分である 500 万円を求償できないか。

A 《①について》：Z は自身の借入債務について消滅時効を援用することにより、X の履行請求を拒絶することができます。

現行民法では、連帯債務者の一人に対する履行の請求は絶対的効力を有するものとされているため（現行民法 434 条）、X が Y に対してした裁判上の請求による消滅時効の中断（現行民法 147 条 1 号）の効力は Z に対しても及び、X の債権は Z との関係でもその時点から新たに消滅時効が開始することになります。その結果、Z には、消滅時効を理由とする限りは、X の履行請求を拒絶できる余地はありません。

他方で、改正民法においては、連帯債務者の一人に対する履行の請求の絶対的効力に係る規定が削除され、連帯債務における原則である相対的効力へと変更されたため（改正民法 441 条）、X が Y に対してした裁判上の請求による消滅時効の完成猶予（改正民法 147 条 1 項 1 号）の効力は Z に対しては及びません。したがって、Z は、借入債務の弁済期が到来し、X がそのことを知ったときから 5 年以上が経過していることから、消滅時効（改正民法 166 条 1 項 1 号）を援用することにより、X の履行請求を拒絶することができます。

《②について》：Y は借入債務の全額 1000 万円を支払う必要があります。

まず、現行民法と改正民法のいずれにおいても、連帯債務者の一人が行った債務の承認の効果が他の連帯債務者に及ぶことはありません（相対的効力、現行民法 440 条・改正民法 441 条）。したがって、Y の借入債務については X 宛の念書が差し入れられた時点で

時効の中断（現行民法156条）ないし更新（改正民法152条1項）の効力が発生していますが、Zの借入債務の消滅時効はそのまま進行することになります。その結果、Zについては、商事消滅時効（現行商法522条〔※改正民法の施行と同時に廃止予定〕）ないしXが弁済期の到来を知った時から5年を経過していること（改正民法166条1項）により、消滅時効が完成しています。

　以上を前提に本問を見ますと、現行民法では、連帯債務者の一人に生じた消滅時効の完成は、その連帯債務者の負担部分について他の連帯債務者もその義務を免れるものとされているため（現行民法439条）、Zに消滅時効が完成した場合、YはZの負担部分に相当する金額500万円については、Xの履行請求を拒絶できることになります。その結果、Yが支払うべき債務の額は500万円に減額されます。

　他方で、改正民法では、連帯債務者の一人に対する時効の完成の絶対的効力に係る規定が削除され、連帯債務における原則である相対的効力へと変更されました（改正民法441条）。その結果、Zにおける消滅時効の完成の効力はYに対して一切及ばないことになります。したがって、Yは、Xに対して借入債務全額の1000万円を支払う必要があります。

　《③について》：Yは借入債務の全額1000万円を支払う必要があります。

　現行民法では、連帯債務者の一人に生じた債務の免除は、その連帯債務者の負担部分について、他の連帯債務者の利益のためにも、その効力が生じるものとされているため（現行民法437条）、Zが債務免除を受けた場合、YはZの負担部分に相当する金額500万円については、Xの履行請求を拒絶できることになります。その結果、Yが支払うべき債務の額は500万円に減額されます。

　他方で、改正民法では、連帯債務者の一人に対する債務の免除の絶対的効力に係る規定が削除され、連帯債務における原則である相対的効力へと変更されました（改正民法441条）。その結果、Zにおける債務の免除の効力はYに対して一切及ばないことになります。したがって、Yは、Xに対して借入債務全額の1000万円を支払う必要があります。

　《④について》：YがXに対して借入債務全額の1000万円を支払った場合、Yは、Zに対して、Zの負担部分である半額の500万円分を求償できます。

　現行民法においては、連帯債務者の一人について生じた消滅時効の完成、あるいは債務免除の時点で、その連帯債務者の負担部分は絶対的に消滅することになるものと考えられることから、他の連帯債務者が残りの部分を弁済したとしても、消滅時効が完成した、あるいは債務免除を受けた連帯債務者に対して求償することはできません。つまり、Zに消滅時効が完成し、あるいはZが債務免除を受けた場合、YはXとの関係でZの負担部分である半額の支払は免れますが、Y自身の負担部分をXに弁済した後、Zに対して求償することは一切できません。

　これに対し、改正民法においては、連帯債務者の一人のために時効が完成し、あるいは債務の免除があった場合でも、債権者は他の連帯債務者に対して債権の全額を請求することができますが、その代わり、他の連帯債務者は、消滅時効が完成した、あるいは債務免除を受けた連帯債務者に対してもその負担部分について求償権を行使することができるものとされています（改正民法445条）。したがって、YはZに対し、Zの負担部分である半額500万円について求償することができます。

　なお、Zが免除を受けたという場面では、Zにしてみれば、Xと

の関係でせっかく免除を受けたのに、Yから求償されるとそれが
台無しになることになります。Zが免除の効果を最終的に享受で
きるようにするためには、Xに、Yとの関係でも債務免除をして
もらうなど、連帯債務者全員を巻き込んだ対応が必要となります。

⑧ 保証債務

1 改正のポイント

(1) 個人根保証契約

　現行民法では、個人を保証人とする極度額の定めのない根保証契約（いわゆる包括根保証）の禁止の対象が、金銭の貸付けや手形の割引に基づいて生じる債務（「貸金等債務」）のみに限定されていますが（現行民法465条の2第1項・第2項）、それ以外の債務を主債務とする包括根保証契約の締結については、特に制限がありません。そのため、たとえば、賃貸借契約における賃料債務の根保証や、継続的売買取引における代金債務の根保証などにおいて、個人である保証人が無制限の保証債務を負担してしまうおそれがあることへの歯止めがありませんでした。

　そこで、改正民法では、かかる包括根保証に関する個人保証人の保護の範囲が個人による根保証契約全般に拡張されることになりました（改正民法465条の2第1項・第2項）。したがって、個人を保証人とする根保証契約である限りは、その主債務の発生原因が何であるかにかかわらず、極度額の定めを設けることが必須となります。

　なお、この極度額の定めを設ける場合の金額設定については、現行民法でも改正民法でも、特段の制限がありません。しかし、あまりに過大な極度額の設定は個人の包括根保証を禁止した法の趣旨を没却しますから、公序良俗違反（現行民法90条・改正民法90条）などの一般規定を根拠にその効力が否定される可能性があることは、改

正の前後で変わりありません。

　なお、この改正は改正民法の施行日後に締結された保証契約にのみ適用されます（改正法附則 21 条 1 項）。

> 《**実務上の注意点**》上記のとおりこの改正は改正民法の施行日後に締結された保証契約にのみ適用されるものですが、施行日後に主債務に関する契約関係が更新され、これに付随して保証契約も更新される場合、それが新たな保証契約の締結と同視されるかどうか、どのような場合に新たな保証契約の締結と同視されるのか、といった事項は明らかではなく、今後の裁判実務の蓄積に委ねられています。更新前後の主債務の内容、保証契約の文言など、状況いかんにもよると思われますが、そのような可能性が懸念される場合には、当該更新の機会に保証条項中に極度額の定めを追加しておくことが賢明です。

→ Q 8 -1 　個人根保証契約

(2)　事業に係る債務についての保証契約の特則

　個人が負担する貸金等債務に係る保証債務については、現行民法においても、前述の包括根保証の禁止等によって一定の制限が課せられています。しかしながら、とりわけ事業性資金の借入れのために付される保証については、元々の借入規模が通常の個人の資力を大幅に超えた金額となることも多く、極度額の設定を義務付けるのみでは個人の保護の方策としては実効性に欠けるケースも少なくありませんでした。

　そこで、改正民法では、事業のために負担した貸金等債務を対象とする保証契約や根保証契約を個人相手に締結しようとする場合には、契約締結前 1 か月以内に、当該個人によって所定の方式を満たした公正証書が作成されていない限り、保証契約・根保証契約の効力が生じないものとされています（改正民法 465 条の 6 第 1 項・第 3 項）。このように保証人となろうとする個人の意思確認のプロセス

を厳重なものとすることで、本人の意思に反した保証債務の引き受けや、安易な保証債務の引き受けに対する歯止めとすることが期待されています。もっとも、取締役が会社の貸金等債務を連帯保証する場合など、保証人と主債務者との間に一定の密接な関係がある場合には、この公正証書作成義務は免除されます（改正民法465条の9）。

　なお、この規制は改正民法の施行日後に締結された保証契約についてのみ適用されるものとされていますが（改正法附則21条1項）、改正民法の施行日前でも、任意に施行日後の規律に従った公正証書を作成することは可能とされています（同条2項・3項）。

→ Q 8 -2　事業に係る債務についての保証契約の特則

(3)　個人保証人に対する各種の情報提供・通知義務

　改正民法では、個人保証人保護の方策の一環として、債権者や主債務者が個人保証人に対して一定の事項を通知すべき義務が課せられることとなりました。

　まず、主債務者が事業のために負担する債務について個人に保証委託する場合には、主債務者は、その個人に対して、自身の財産および収支の状況などの一定の情報を提供することが義務付けられることとなりました（改正民法465条の10第1項・第3項）。主債務者に情報提供義務違反があり、それによって保証人が事実誤認をした結果保証契約が締結され、かつ、主債務者の情報提供義務違反について債権者が悪意または有過失であった場合には、保証人は、保証契約を取り消すことができるものとされています（同条2項・3項）。

《実務上の注意点》この事業性債務の保証に関する情報提供義務は、主債務が事業のためのものであれば足り、貸金等債務である場合に限定されていない点に注意が必要です。つまり、事業用資金の貸付けについての個人保証のみならず、事業用に建物を賃借する場合の賃料債

務の個人保証や、継続的売買取引の買掛債務の個人保証のような場面にも適用があり得ます。また、債権者の過失の有無が問われる点にも注意が必要です。債権者は、主債務者による保証人に対する情報提供がきちんと正確になされているかどうかを確認する必要があり、この確認を怠ると、過失ありとして保証契約が取り消されるおそれがあります。

→ Q 8 -2 事業に係る債務についての保証契約の特則

　また、主債務者から委託を受けて保証人となった者（個人だけでなく、法人も含みます）から請求があった場合には、債権者は、遅滞なく主たる債務の履行状況に関する情報を提供することが義務付けられることとなりました（改正民法458条の2）。この情報提供義務に対する違反の効果は明記されていませんが、債務不履行の一般法理に従った損害賠償請求権、保証契約の解除が想定されています。

　さらに、主債務者が期限の利益を喪失した場合、債権者は、個人保証人に対して、期限の利益の喪失を知った時から2か月以内にその旨を通知する義務が課せられることとなりました（改正民法458条の3第1項・第3項）。債権者がこの義務に違反したときは、実際にこの通知をするまでに生じた遅延損害金が保証の範囲から除かれる、というデメリットが課せられることになります（同条第2項・第3項）。

《実務上の注意点》実務では、債権者の通知により期限の利益を喪失することとなる事由（請求失期事由）と、当該事由の発生により当然に期限の利益を喪失することとなる事由（当然失期事由）とを区別して規定することが多いですが、請求失期事由の場合には主債務者に対する通知が必要なため、同時に保証人に対する通知もなされる蓋然性が高いと思います。他方で、当然失期事由の場合にはそのようなきっかけがなく、保証人に対する通知を失念してしまうおそれがありますので、この点、注意が必要です。

　なお、以上の通知義務は、改正民法の施行後に締結された保証契

約についてのみ適用されます（改正法附則21条1項）。

2 ケーススタディ

Q 8-1 個人根保証契約

Q 賃貸マンションのオーナーXより賃借人Y（個人）が当該マンションの一室を賃借するに当たり、Yの親族Zは、YのXに対する賃料債務、遅延損害金、損害賠償その他XY間の賃貸借契約に基づいて発生する一切の債務を連帯保証することとなった。ZはXY間の賃貸借契約書に連帯保証人として署名捺印した。

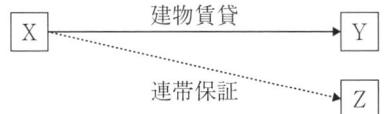

① この賃貸借契約書には連帯保証の条項は存在するものの、極度額の定めがない。Yが賃料債務など賃貸借契約に基づく債務の支払を怠った場合、Xは、Zに保証債務の履行を請求することができるか。

② ①の賃貸借契約は改正民法の施行日より前に締結されたものであったが、施行日後に契約更新されることになった。この場合、賃貸人であるXとしてはどのような手当てが必要か。

③ ①の場合において、極度額の定めはあるが、元本確定期日の定めがない場合はどうか。

④ 同賃貸借契約書の連帯保証関連の条項中に極度額の定めは存在する。その後、Yが破産手続開始の決定を受けた。Zの連帯保証における主債務の元本は確定するか。

⑤ ④の場合において、Ｚが破産手続開始の決定を受けたときはどうか。

A 《①について》：Ｘは、Ｚに保証債務の履行を請求することができません。

現行民法では、一定の範囲に属する不特定の債務を主たる債務とする保証契約（「根保証契約」）であって、その範囲に貸金等債務が含まれ、かつ個人を保証人とするもの（「貸金等根保証契約」）については、極度額の定めのないいわゆる包括根保証の締結が禁止されています（現行民法465条の2第1項・第2項）。しかしながら、貸金等債務を主債務に含まない根保証契約の締結については、特に制限がありません。そのため、たとえば、賃貸借契約における賃料債務の根保証や、継続的売買取引における代金債務の根保証などにおいて、個人である保証人が無制限の保証債務を負担してしまうおそれがあることに対する歯止めがありませんでした。

そこで、改正民法では、このような包括根保証に関する個人保証人の保護の範囲を、主債務に貸金等債務を含む場合に限定せず、個人による根保証契約全般に拡張することになりました（改正民法465条の2第1項・第2項）。つまり、改正民法では、現行民法の「貸金等根保証契約」に代わって「個人根保証契約」なる用語を設け、これについて「一定の範囲に属する不特定の債務を主たる債務とする保証契約であって保証人が法人でないもの」との定義付けがなされ（同条1項）、そして、かかる個人根保証契約は、極度額を定めない限り効力を生じないものとされています（同条2項）。

したがって、個人を保証人とする根保証契約である限りは、その主債務の発生原因が何であるかにかかわらず、極度額の定めを設けることが必須となり、従来のような包括根保証契約の締結が

不可能となります。

　本問①における Z による連帯保証契約についても、Y の X に対する「一定の範囲に属する不特定の債務」を主債務とする「個人根保証契約」に該当することから、同契約中に極度額の定めがない以上、その効力は発生しません。

　《②について》：X は、改正民法の施行日後の更新契約の締結に際して、連帯保証条項中に極度額に関する規定を新たに設けることを検討する必要があります。

　上記①の改正は改正民法の施行日後に締結された保証契約にのみ適用されるものですので（改正法附則 21 条 1 項）、施行日を境に既存の個人保証人による包括根保証が尽く無効になるというわけではありません。

　しかしながら、改正民法の施行日後に建物賃貸借契約の更新の機会が生じ、これに付随して保証契約も更新される場合、それが新たな保証契約の締結と同視されるかどうか、どのような場合に新たな保証契約の締結と同視されるのか、といった事項は明らかではなく、今後の実務の蓄積に委ねられています。私見ですが、更新契約の調印もなされない純然たる自動更新の場合には新たな契約の締結という行為がないため、極度額の設定が必要ということにはならない可能性が十分にあると思われますが、他方で、更新に際して主債務や保証の内容に変更を施すこととし、それに伴い更新契約や変更契約の締結などの積極的な行為があるような場合には、新たな契約締結とみなされる可能性が出てくると思われます。また、建物賃貸借の実務では、更新に際して主債務や保証の内容に特に変更がないとしても、念のため保証人を含む当事者間で更新契約を締結することも多いですが、そのような場合にも、新たな契約の締結行為があるものとして、極度額設定が必要とい

う結論になる可能性も否定できません。いずれにせよ、新たな契約の締結とみなされる可能性が懸念される場合には、当該更新の機会に保証条項中に極度額の定めを追加しておくことが賢明です。

賃貸人であるＸとしては、かかる契約更新に際しては、連帯保証条項中に極度額に関する規定を新たに設けることを検討する必要があります。

《③について》：連帯保証契約に元本確定期日の定めがないことによる影響は特にありません。

現行民法における貸金等根保証契約を巡る規律は、その主要な部分が改正民法における個人根保証契約を巡る規律に吸収されることになりましたが、貸金等根保証契約独自の規律も一部残されています。

その１つが、元本確定期日に関する規律です。現行民法465条の３では、貸金等根保証契約における元本確定期日の定め方について細かい規律が定められており、貸金等根保証契約の元本確定期日は契約締結日から５年以内の日とすべきことや、元本確定期日を定めない場合には自動的に契約締結日から３年を経過した日が元本確定期日になるといったことが規定されています。

これらの規律は、改正民法においても、個人貸金等根保証契約（個人根保証契約であってその主たる債務の範囲に金銭の貸渡しまたは手形の割引を受けることによって負担する債務が含まれるもの）に関して維持されることになっています（改正民法465条の３）。

他方で、個人根保証契約一般については、そのような元本確定期日に関する制限は存在しません。これは、不動産の賃貸借契約を念頭に置いて、主債務の発生原因である契約関係が当初から長期にわたって存続することが予定されているものであるにもかかわらず、根保証契約による担保の効力が３年や５年程度の比較的

短期間に限定されてしまうことの不都合が指摘されたことにより
ます（もっとも、個人根保証契約一般においても、債権者と保証人の合
意によって元本確定期日の定めを設けることは、特段差支えありませ
ん）。

　したがって、本問②における Z による連帯保証契約に元本確定
期日の定めがないことによる影響は特になく、Z は、XY 間の賃貸
借契約が有効に存続し、また、元本確定事由が発生しない限り、
連帯保証債務を負い続けることになります。

　なお、以上の結果、個人貸金等根保証契約以外の一般的な個人
根保証契約の保証人については、民法の規定上は、長期間の根保
証債務の負担に対する歯止めがないことになり、このような保証
人の保護も他方で問題となり得ます。

　この点については、判例上、根保証契約の保証人は、法定また
は合意による元本確定期日の到来前であっても、①主債務者と保
証人との関係、②債権者と主債務者との関係（取引態様）、③主債
務者の資産状態のいずれかに著しい事情の変更があった場合など、
一定の特別な事由がある場合には、保証すべき債権の元本の確定
を請求することができると解されています。このような請求権は、
「特別解約権」とも呼ばれており、この特別解約権を認めたものと
解されている判例としては、大判昭和 9・2・27 民集 13 巻 215 頁
などがあります。今回の民法改正に向けた法制審議会民法（債権
関係）部会での議論においても、この特別解約権を明文化すべき
かどうかが論点となりましたが、最終的には明文化に至らず、こ
の点は、従来どおり、判例と解釈論によって処理されることとな
ります。

　《④について》：連帯保証契約に特段の規定がない限り、Y に破産
手続開始の決定があっても、Z の連帯保証における主債務の元本

は確定しません。

　現行民法465条の4では、主債務者または保証人の財産に生じた強制執行・担保権実行（1号）、主債務者または保証人の破産手続開始決定（2号）および主債務者または保証人の死亡（3号）が貸金等根保証契約の元本確定事由として列挙されています。

　これに対し、改正民法465条の4第1項では、個人根保証契約一般に関しては、主債務者の財産に生じた強制執行・担保権実行と主債務者の破産手続開始決定が、元本確定事由に含まれないこととされている一方、同条2項において、個人貸金等根保証契約に限り、これらの事由を元本確定事由に含めることとしています。つまり、個人根保証契約一般では、主債務者に生じた信用不安が元本確定事由に含まれないこととされています。

　これは、主債務者に信用不安が生じた場合でも、主債務の発生原因（賃貸借契約など）が当然に終了するわけではなく、むしろ当該発生原因たる法律関係が継続する場合もあり得るところ（たとえば、最判昭和43・11・21民集22巻12号2726頁では、「建物の賃借人が……破産宣告の申立を受けたときは、賃貸人は直ちに賃貸借契約を解除することができる旨の特約は、賃貸人の解約を制限する借家法1条の2の規定の趣旨に反し、賃借人に不利なものであるから同法6条により無効と解すべきである」と判示されています）、その場合に発生し続ける主債務（賃料債務など）に関する保証債務の履行の負担を保証人に求めることは必ずしも不合理とはいえない、と考えられたことによります。

　したがって、本問④において、Yに破産手続の開始決定が下された場合であっても、原則として、Zの連帯保証における主債務の元本は確定しません。

　もっとも、債権者と保証人の合意によって、主債務者の破産の

ような信用不安を元本確定事由に含めることは、保証人の保護に欠けるものではありませんから、特段差支えありません。

　なお、主債務者が死亡した場合には、個人根保証契約一般においても元本は確定しますが（改正民法465条の4第1項3号）、これは、主債務者の相続人の下で生じた債務についてまで保証することは、通常想定されないと考えられたことによります。

　《⑤について》：Zの連帯保証における主債務の元本はZの破産手続開始決定の時点をもって確定します。

　保証人自身が破産した場合に根保証契約における主債務の元本が確定するのは当然のことといえ、改正民法でも、個人根保証契約一般において保証人が破産手続開始決定を受けた場合が元本確定事由として規定されています（改正民法465条の4第1項2号）。

Q 8-2 事業に係る債務についての保証契約の特則

Q　銀行Xは、Yに貸付けを行うに当たり、Yの債務を保証する連帯保証人を付けることを要求し、これを受けてYは個人Zを保証人の候補として紹介した。Xは、Zを保証人として受け入れるに当たり、ZよりX所定の書式による保証契約証書を徴求したが、それ以外には特段の手当てを講じなかった。貸付けは実行されたが、その後Yの資金繰りに問題が生じ約定返済期日における返済が滞ったため、Xは、Yの期限の利益を喪失させた上で、Zに保証債務の履行を請求することを考えている。

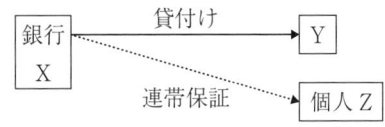

① Yは株式会社であり、その運転資金のためにXより借入れを
行った。また、ZはYの社長の長年の友人であるが、Yの事業に
関して特段の関係を持たない者である。この場合、ZはXから
の保証債務の履行を拒むことができるか。

② Yはその事業の運転資金のためにXより借入れを行った。この
場合において、YおよびZが以下の者である場合はどうか。

 (ア)　Yは株式会社であり、Zはその代表取締役社長である場合

 (イ)　Yは株式会社であり、Zはその平取締役である場合

 (ウ)　Yは合同会社であり、Zはその業務執行権限を持たない社員
で、持分比率も50%以下である場合

 (エ)　Yは株式会社であり、Zは過去に株式会社Yの100%株主兼
代表取締役社長であったところ、息子Aに株式51%ととも
に代表取締役社長の職を譲ったものの、その後もYの経営
に関与し続けている場合

③ Yは株式会社であり、その運転資金のためにXより借入れを
行った。この場合において、Zが以下に該当する場合はどうか。

 (ア)　ZがYの取締役である間にXと保証契約を締結したものの、
その後、主債務の完済前に引退し、Yの一切の地位から退き、
経営に全く関与しなくなった場合

 (イ)　ZがYの経営とは無関係である間に保証契約を締結したが、
その後、主債務の完済前にYの取締役に就任した場合

④ Yが個人である場合において、以下の場合はどうか。

 (ア)　Yが資産家であり、投資資産の1つとして投資用マンショ
ンを購入する資金のためにXより借入れを行った場合

 (イ)　Yが資産家であり、投資で生じた損失を補てんして生活費
のために借入れを行った場合

 (ウ)　(ア)の場合において、Yが借入金の使途を居住用マンション

の購入のためと述べたため、X もそのように認識していた
場合

⑤ Y は株式会社であり、その運転資金のために X より借入れを
行った。Y が Z に保証を依頼するに際し、Y の財務部長は、Z に
対して、実際は直近事業年度の業績が赤字であるにもかかわら
ずそのことを隠して財務状況の説明を行い、Z はそれを信頼し
て X と保証契約を締結した場合はどうか。

A 《①について》：Z は X からの保証債務の履行を拒むことができ
ます。

改正民法では、事業のために負担した貸金等債務を主債務とす
る保証契約や、事業のために負担した貸金等債務を主債務の範囲
に含む根保証契約を、個人が保証人となって締結する場合には、
締結日前 1 箇月以内に作成された公正証書によって、保証人にな
ろうとする者が保証債務を履行する意思を表示していなければ、
当該保証契約・根保証契約はその効力を生じないものとされてい
ます（改正民法 465 条の 6 第 1 項・3 項）。

個人が負担する貸金等債務に関する保証債務については、現行
民法においても、前述の包括根保証の禁止等によって一定の制限
が課せられています。しかしながら、とりわけ事業性資金の借入
れのために付される保証については、元々の借入規模が通常の個
人の資力を大幅に超えた金額となることも多く、極度額の設定を
義務付けるのみでは個人の保護の方策としては実効性に欠ける
ケースも少なくありませんでした。そこで、本改正では、個人が
保証人となってそのような保証契約を締結する場合には、原則と
して、一定の方式の公正証書の作成を義務付けることで当該個人
の意思確認のプロセスを厳重なものとし、これにより本人の意思

に反した保証債務の引き受けや、安易な保証債務の引き受けに対する歯止めとなることが期待されています。

　この場合の公正証書は、以下の方式に従っていなければならないものとされています（改正民法465条の6第2項）。

(ア)　保証人となろうとする者が、公証人に対して、改正民法465条の6第2項1号所定の事項（主債務の債権者・債務者に関する事項、普通保証の場合の主債務の元本・利息等に関する詳細事項、根保証の場合の主債務の範囲・極度額・元本確定期日に関する詳細事項、保証人の保証履行意思など）を口授すること

(イ)　公証人が上記(ア)の口授を筆記し、これを保証人となろうとする者に読み聞かせ、または閲読させること

(ウ)　保証人になろうとする者による署名捺印

(エ)　公証人による認証・署名捺印

　上記のとおり、「保証人となろうとする者」本人が公証人の面前に出向いて所定の事項を口頭で説明（口授）し、公証人はこれを筆記し、かつ公証人が当該本人に対してその筆記内容を知らしめる必要があり、代理人を介してこのプロセスを経ることはできないものと解されます。したがって、少なくとも、個人が知らぬ間に他人の事業性借入れに関する保証債務を負担する危険性は大幅に減少するものと予想されます。

　また、保証人の保証履行意思が口授の対象とされていますが、その際、公証人には、保証人となろうとする者が保証債務を負うことによって負担することとなる様々なリスクをきちんと理解した上でそれを受容しているかどうか、保証人となろうとする者が主債務者からその資力等について改正民法465条の10に基づく情報提供をきちんと受けているかどうか、当該保証契約の締結に

至る経緯に不審な点はないか、等々の諸事情を確認するという、いわば「ゲートキーパー」の役割を果たすことが期待されています。このような厳重なプロセスを通じて、安易な保証債務の負担に対する歯止めとなることも期待できます。

本問①では、銀行 X は自身の様式による保証契約証書を Z より得ている（したがって、現行民法下でも改正民法下でも民法 446 条 2 項の書面要件は充足している）ものの、公正証書作成の要件を充足していないため、保証契約の効力は生じず、Z は X からの保証債務履行請求を拒絶することができることになります。

なお、この事業性借入れに係る個人保証の規制は、改正民法の施行日後に締結された保証債務についてのみ適用されていますが（改正法附則 21 条 1 項）、改正民法の施行日前でも、任意に施行日後の規律に従った公正証書を作成することは可能とされています（同条 2 項・3 項）。

《②について》：Z が株式会社 Y の㋐代表取締役の場合や、㋑平取締役の場合には、Z は X からの保証債務の履行請求を拒むことができません。

これに対し、Z が㋒合同会社 Y の業務執行権限のない少数持分社員である場合や、㋓元オーナー社長の場合には、Z は保証債務の履行を拒むことができると考えられます。

上記事例①の事業性借入れに係る個人保証の規制は、主債務者が法人である場合のその「理事、取締役、執行役又はこれらに準ずる者」には適用されないものとされています（改正民法 465 条の 9）。この場合の「取締役」は、上記事例②㋐の代表取締役などの重要な地位に就く者に限定されておらず、同㋑のような平取締役も含まれます。

したがって、同㋐（代表取締役）および㋑（平取締役）の場合にお

けるZについては公正証書の作成は必要なく、Zは、Xからの保証債務履行請求を拒絶することはできません。

　他方で、「これらに準ずる者」とは、「株式会社や一般社団法人以外の各種の法人において、理事、取締役等と同様に、法律上正式に法人の重要な業務執行を決定する機関又はその構成員の地位にある者をいう」ものと解されます（筒井建夫＝村松秀樹編著『一問一答　民法（債権関係）改正』（商事法務、2018年）153頁）。

　したがって、㈦業務執行権限のない少数持分社員（定款には記載されるが、登記事項ではないため登記簿には載りません。株式会社の株主の地位に近いと解されています）は「これらに準ずる者」に該当せず、この場合公正証書作成が必要となりますので、これを欠いたZは保証債務の履行を拒むことができます。

　また、㈢元オーナー社長の場合についても、実質的に主債務者の業務執行を掌握している人物であるとしても、法律上正式な業務執行権限を有しているわけではないので「これらに準ずる者」に該当せず、公正証書の作成が必要となります。その結果、これを欠いたZは保証債務の履行を拒むことができると考えられます。

　《③について》：上記事例③㈠の場合、Zは保証債務の履行を拒むことができません。上記事例③㈡の場合、Zは保証債務の履行を拒むことができます。

　改正民法465条の9の適用除外は「保証人になろうとする者」について適用されるものですから、保証契約の締結前の時点で同条各号に該当するか否かが問われるべきであって、同条を根拠に保証契約締結後における身分の変動が当該保証契約の効力に影響を及ぼすという解釈にはならないものと考えられます。

　したがって、上記事例③㈠の保証契約締結時には主債務者の取

締役の地位にあるために公正証書作成の必要がなかった者が、その後取締役の職を辞した後であっても、その者が公正証書の作成なく締結した保証契約は引き続きその者に対して効力を有するものと考えられます。

　他方で、同㈠の保証契約締結時において改正民法 465 条の 9 各号のいずれにも該当しなかった者が、その後主債務者の取締役に就任したからといって、締結前に公正証書を作成しなかったという瑕疵が治癒されるわけではないものと考えられます。

　《④について》：上記事例④㋐の場合、Z は保証債務の履行を拒むことができる可能性があります。同㈠の場合、Z は保証債務の履行を拒むことができません。同㋒の場合、Y が客観的に表示していた資金使途があくまで「居住用マンションの購入」であり、X もその認識で貸付けを行ったものである限りは、Z は保証債務の履行を拒むことができません。

　改正民法 465 条の 6 の規律は、主債務者の「事業のため」の借入れに係る債務の保証について適用されるものですから、主債務者が行った借入れが事業目的外の資金使途である場合には、保証契約の締結に当たって公正証書の作成は必要ないこととなります。もっとも、ここでいう「事業」の意味は必ずしも明確ではありません。法律用語としての「事業」とは、最もシンプルな定義では、特定の行為を反復継続して（あるいは少なくとも反復継続する意思をもって）行うことをいうものと考えられ、通常の意味の「事業」におけるような営利性や対公衆性が必要とされない場面も存在します。この点、部会資料 78A「民法（債権関係）の改正に関する要綱案のたたき台⑿」では、「『事業』とは、一定の目的をもってされる同種の行為の反復的継続的遂行を意味し、営利という要素は必要ではなく」と言及されています。

会社等の法人が行う借入れについてその目的が「事業のため」であることを否定することは、困難な場合がほとんどなのではないかと考えられます。たとえば、会社がある大きな資産（工作機械・店舗建物など）を購入するために借入れを行うという場合、当該資産の購入行為は1回で済むものではありますが、購入後に当該資産を活用して行われる活動は反復継続したものとなりますから、その借入目的が「事業のため」であることを否定するのは、よほど特殊な事情がない限りは、困難であると思われます。あるいは、会社が既存の借入債務の返済に充てるために行う借入れ（つまり、借換え）についても、既存の借入債務の返済それ自体は1回で済むものかもしれませんが、根本的には、その債務負担は会社の何らかの反復継続した活動のために行われたものであったはずであり、その点を考慮すれば、表面的な借入目的が単発の借換えであるとしても、実質的には「事業のため」と考えられます。

　他方で、個人が行う活動にここでいう「事業」性が認められるかどうかについては、判断が難しい事例が頻出することが予想されます。住宅ローンや生活費等に充当するための消費者ローンなど典型的な個人向け融資については、理論的な根拠はさておき、それが「事業のため」に行われるものでないことには、ほぼ異論はないものと考えられます。しかしながら、たとえば個人投資家がその投資活動（投資用マンションの購入など）の資金に充当するために借入れを行うという場合、今後の裁判実務の蓄積を待つ必要がありますが、私見を述べますと、購入後のマンション経営も含めて、そのような投資活動に反復継続性が認められるのであれば、「事業」性を完全に否定することは困難と考えられます。したがって、当該投資活動のためになされる借入れを主債務とする個人保証契約の締結に当たっては、改正民法465条の9所定の適用

除外に該当しない限りは、当該個人保証人に公正証書の作成を求めることが必要になってくるものと考えられます。

したがって、上記事例④(ア)の場合において、資産家 Y が購入後のマンション経営も含む投資活動を反復継続して行っているならば、Y が行う借入れは「事業のため」になされるものとみなされる可能性があり、X としては、Z に公正証書作成を要求するのが妥当と考えます。

他方で、同(イ)の場合には、原因は投資活動の失敗であるにせよ、あくまで生活費への充当が目的であるから「事業のため」になされる借入れではなく（生活そのものも反復継続して行われるものですが、これが「事業」に該当するものとは一般に考えられていません）、保証契約締結に先立ち公正証書の作成は不要と考えられます。

また、同(ウ)については、主債務が「事業のため」のものであるかどうかは、「借主がその貸金等債務を負担した時点を基準時として、貸主と借主との間でその貸付等の基礎とされた事情に基づいて客観的に定まる」ものとされています（筒井健夫＝村松秀樹編著『一問一答 民法（債権関係）改正』（商事法務、2018 年）147 頁）。

したがって、借主が資金使途について事業以外の用途と説明をしており、貸主もその認識で貸付けを行ったという場合には、その後実際には資金が事業のために使用されたとしても、借入債務負担時点における客観的な資金使途はあくまでも「事業以外の用途」です。その結果、保証契約締結に際して公正証書の作成は必要となりません。

もっとも、後日、保証人より、資金使途に関する借入人の説明内容や貸付人の認識が争われる可能性はあるので、貸主としては、公正証書の作成をせずに個人保証人付きの貸付けを行う場合には、契約中に事業目的であるかどうかが明確に分かる文言で資金使途

を明記し、また、借主の資金使途が明確に確認できる資料（マンション購入資金であればマンションの売買契約書の写しなど）を提出させるなど、慎重な対策をとっておくことが必要になるでしょう。

《⑤について》：Ｘが、Ｙによる虚偽の説明について悪意または有過失である場合には、Ｚは保証契約を取り消すことにより、保証債務の履行を免れることができます。

改正民法465条の10第1項では、主債務者が事業のために負担する債務についての保証を第三者に委託する場合、主債務者は、当該委託先に対して、「(i)財産及び収支の状況、(ii)主たる債務以外に負担している債務の有無並びにその額及び履行状況、並びに、(iii)主たる債務の担保として他に提供し、又は提供しようとするものがあるときは、その旨及びその内容に関する情報」を提供しなければならないものとされています。

主債務者がこの情報提供義務に違反し、それによって保証人が事実誤認をした結果保証契約が締結され、かつ、主債務者の情報提供義務違反について債権者が悪意または有過失であった場合には、保証人は保証契約を取り消すことができるものとされています（同2項）。債権者の悪意・有過失を条件としているのは、保証債権を取得する債権者の利益にも配慮する必要があることによります。

もっとも、悪意のみならず、有過失の場合にも取消権が発生するものとされていることから、事業性（反復継続性）が認められる行為に関して貸付け等を行うに際して、個人保証人を付けようとする場合には、債権者は、主債務者が、保証人に対して正しい説明を行っているかについてもきちんとした調査・確認を行っておく必要があります。

なお、この情報提供義務は、主債務が事業目的であることを要

しますが、貸金等債務である場合に限られない点に注意が必要です。つまり、事業用に建物を賃借する場合の賃料債務の個人保証や、継続的売買取引の買掛債務の個人保証のような場面にも適用があり得ます。

⑨ 債権譲渡・債務引受・契約上の地位の移転

1 改正のポイント

(1) 債権譲渡制限特約

　債権者甲が、債務者乙との間で債権譲渡を禁ずる旨の特約を結んでいたのに、乙に無断でその債権を丙に譲渡したとします。この場合を規律する現行民法466条2項について、伝統的な通説は、債権譲渡禁止特約は、物権的効力を有する、すなわち、甲の乙に対する義務違反を生ずるだけでなく、甲丙間の債権譲渡を無効にするとし、ただし、同条ただし書に照らし、丙が、特約のあることを重過失なく知らないときは、債権譲渡は有効になると解していました。いわゆる物権的効力説です。これによると、丙の主観的な認識によって、債権者が変わることになります。しかし、この考え方に対しては、そもそも現行民法の立法時から、債権の譲渡性を制限すべきでないという見解が有力に主張されていたことや、弱い立場の債務者を保護するという制度趣旨に反して強い立場の債務者が合理的な必要がないのにこの特約を利用している場合もあるとの指摘もあり、批判的な見方が有力になっていました。また、近年、企業の資金調達方法として債権譲渡の果たす役割が大きくなる中、取引実務でも、譲渡禁止特約の存在が資金調達の障害となっているという声が強くなっていました。

　そこで、改正民法では、債権譲渡を禁止しまたは制限する特約（以

下「譲渡制限特約」という）があったとしても、債権譲渡は「その効力を妨げられない」旨が明記されました（改正民法466条2項）。甲乙間の譲渡制限特約には、甲の乙に対する義務違反を生ずる債権的効力しかなく、これによって甲丙間の債権譲渡の効力が左右されることはない、すなわち、譲渡それ自体は有効であることを明確にしたわけです（いわゆる債権的効力説。相対的効力説とも呼ばれる）。これによると、債権者は常に丙（たとえ、悪意・重過失であっても）ということになります。

その上で、改正民法は、丙に悪意または重過失がある場合には、乙は、丙に対する弁済を拒絶することができ、かつ、甲に対する弁済等の事由をもって丙に対抗することができることとしました（同条3項）。他方、乙が何もしないときは、丙は、相当の期間を定めて甲への履行の催告をし、その期間内に履行がないときは、乙は、丙に対する弁済拒絶等ができなくなる（同条4項）という仕組みを用意しています。さらに、乙のために、権利供託の途を開いています（改正民法466条の2）。

ただし、預金債権についての譲渡制限特約は、改正民法466条2項の規定にかかわらず、悪意・重過失の譲受人に対抗することができる（すなわち、預金債権の譲渡は無効になる）とされています（改正民法466条の5）。譲受人が、通常の預金約款に譲渡制限特約が付されていることは常識の範疇にあり、これを知らないことについては重過失が認定される可能性が高いため、預金債権の譲渡は、特段の事情がない限り、無効ということになります。

→ Q 9 -1 債権譲渡制限特約

(2) 将来債権の譲渡

現行民法中に規定はないものの、従来から将来債権の譲渡の有効

性は認められており、また、将来債権譲渡の効果についても、債権の発生時に当然に譲受人が対象債権を取得するという規範が確立されていました。改正民法 466 条の 6 では、このような将来債権の譲渡の有効性とその効果が明記されています。

→ Q 9 -2　将来債権の譲渡

⑶　債権譲渡の対抗要件──異議をとどめない承諾の扱い

　現行民法 468 条 1 項では、債務者が異議をとどめないで債権譲渡を承諾した場合には、譲渡人に対して対抗することができた事由があっても、これをもって譲受人に対抗することができないこととされています。しかし、「異議をとどめない承諾」などというと、何か特別な承諾の仕方をしたかのように見えますが、要は、債権譲渡があったことを認識した旨を告げるというだけのことです。それだけのことで、あらゆる抗弁を喪失させる効果を生じさせるのは、合理的とはいえず、債務者にとって酷というべきでしょう。

　そこで、改正民法は、異議をとどめない承諾の制度を廃止しました。改正民法 468 条 1 項の規定は、現行民法 468 条 2 項（対抗要件具備時までに譲渡人に対して有していた抗弁権を譲受人に対しても対抗できる）を、スライドさせたものです。

《実務上の注意点》譲受人の立場から改正民法施行後もなお従前の「異議をとどめない承諾」と同様の効果を得ようとする場合には、債務者より、明示的・積極的な抗弁権の放棄の意思表示を得るという方法があります。しかし、真実は債務者に抗弁権があるにもかかわらず、債務者がそのことをよくわかっていないことに乗じて放棄させるなど、「異議をとどめない承諾」を廃止した趣旨を没却するような不当な働きかけをして得た抗弁権放棄は、公序良俗、信義則、優越的地位濫用等の一般法理に反し無効となる可能性があります。この方法を実際にとるとしても、抗弁権放棄のデメリットについての債務者の十分な理

解と自由意思を確保した慎重な対応が必要です。

→ Q 9 -3 債権譲渡の対抗要件——異議をとどめない承諾の扱い

(4) 債権譲渡と相殺

　甲が乙に対して有する債権を丙に譲渡したが、乙は甲に対し反対債権を有しているとします。この場合の債権譲渡と相殺の関係について、改正民法469条は、乙の反対債権が、(ア)対抗要件具備時より前に乙が取得した債権であるとき（1項）、(イ)対抗要件具備時より「前の原因」に基づいて取得した債権であるとき（2項1号）、(ウ)丙の取得した債権の発生原因である契約に基づいて生じた債権であるとき（2項2号）は、この反対債権による相殺をもって丙に対抗することができるとし、ただし、(イ)(ウ)については、乙が対抗要件具備時より後に他人の債権を取得して丙に対抗するような不当なことは許されないので、この場合は除くこととしています（2項ただし書）。

　(ア)は、対抗要件具備前に取得した債権であれば、対抗要件具備時に相殺適状にある必要はなく、両債権の弁済期の先後は問わず、相殺の抗弁を対抗することができるとする無制限説を採用したものです（差押えと相殺に関する制限説と無制限説の論争につき、本書130頁以下参照）。

　(イ)は、対抗要件具備後に取得した債権であっても、対抗要件具備時より「前の原因」に基づいて生じたものであれば、乙の相殺に対する期待を保護すべきであるという考え方によるもので、差押えと相殺の関係について、「差押え後取得した債権が差押え前の原因に基づいて生じたものであるときは、その第三債務者は、その債権による相殺をもって差押債権者に対抗することができる」とした改正民法511条2項と同様の規律です。

(ウ)は、将来債権が譲渡された場合を想定したもので、将来債権が
譲渡された場合については、譲渡後も甲と乙との間の取引が継続し、
その過程で乙が反対債権を取得することが想定されるので、相殺と
差押えの場合よりも、乙の相殺に対する期待を広く保護する必要性
があるという考え方によるものです。債権譲渡に特有のルールとい
えるでしょう。

同条の規律により、相殺をもって債権の譲受人に対抗することが
できる場合が明確になり、相殺し、あるいは相殺される可能性の予
測が容易になりました。

→ Q 9 -4 債権譲渡と相殺

⑸ 債権譲渡に関する経過措置

債権譲渡に関する上記の改正は、改正民法の施行日以後に債権の
譲渡の原因である法律行為（債権譲渡契約の締結など）がされた場合
に適用され、施行日前に当該法律行為がされていた場合には、現行
民法が適用されます（改正法附則22条）。債権譲渡の効力発生日が基
準となるのではなく、債権譲渡契約の締結日が基準となる点に注意
が必要です。

⑹ 併存的債務引受

債務者の地位の変動が生じる債務引受については、現行民法には
特段の規定が設けられていませんが、これが認められること自体に
ついて異論はなく、判例・学説や実務の蓄積を通じ、その要件と効
果が概ね明確になっていました。改正民法では、これが明文化され、
債務引受の種類（併存的債務引受および免責的債務引受）と、それぞれ
の要件・効果が明確になりました。

併存的債務引受については、(i)債権者と引受人との間の契約また

は(ii)債務者と引受人との間の契約および債権者から引受人に対する承諾によって行うことができ（改正民法 470 条 2 項・3 項）、その効果は、引受人が債務者と連帯して引受けの対象となる債務と同一の内容の債務を負担する（つまり、併存的債務引受がなされた場合、基本的に連帯債務に関する規定が適用される）ものであること（同条 1 項）が明文化されました。

また、併存的債務引受については連帯債務の規定が適用されるため、債務者に生じた事由は基本的には相対的効力であり引受人には及びませんが、債務引受の効力発生時点で債務者が主張できた抗弁については、引受人もこれを援用できることとされています（改正民法 471 条 1 項）。

また、引受人は債務発生原因である契約の当事者ではありませんから、取消権や解除権を自身で行使することはできませんが、これらの権利の行使によって債務者が債務を免れる限度で、引受人は債務の履行を拒絶することができるものとされています（同条 2 項）。

(7) 免責的債務引受

免責的債務引受については、(ア)債権者と引受人との間の契約および債権者から債務者に対する通知または(イ)債務者と引受人の間の契約および債権者から引受人に対する承諾によって行うことができ（改正民法 472 条 2 項・3 項）、その効果は、引受人が引受けの対象となる債務と同一の内容の債務を負担し、債務者は当該債務を免れるものであること（同条 1 項）が明文化されています。

併存的債務引受と同様に、免責的債務引受における引受人は、債務引受の効力発生時点で債務者が主張できた抗弁を援用することができ（改正民法 472 条の 2 第 1 項）、また、取消権や解除権の行使によって債務者が債務を免れ得る限度で、債務の履行を拒絶することがで

きるものとされています（同条2項）。

　また、免責的債務引受は債務履行に要するコストを引受人に最終的に負担させるものであるため、求償権の行使になじまないという考慮から、免責的債務引受の引受人は債務者に対して求償権を取得しないものとされています（472条の3）。ただし、債務者と引受人の合意により引受けの対価として債務相当額の支払を受けることは自由ですし、また、債務者の委託により引受人が債務を引き受けた場合には、このような合意がなくても、委任事務処理費用の償還請求権（現行民法649条・650条）により、引受人から債務者に対する求償が可能です。

　また、免責的債務引受の対象となる債務に担保や保証が付されている場合、対象債務が免責により消滅すれば担保や保証は消滅し当然には移転しないはずですが、債権者による引受人に対する免責的債務引受と同時または事前の意思表示があれば移転するものとされています（改正民法472条の4第1項～第3項）。ただし、引受人以外の第三者が担保設定者・保証人である場合にはその者の承諾が必要となります（同条1項ただし書）。なお、保証契約は本来書面によることが必要であること（現行・改正民法446条2項）との平仄から、第三者である保証人による承諾は書面ですることが必要とされています（改正民法472条の4第4項）。

⑻　契約上の地位の移転

　個々の債権債務の移転ではなく、契約関係そのものをまるごと第三者に移転する契約上の地位の移転についても、現行民法に特段の規定が設けられていませんが、これが認められることについて異論はありませんでした。

　改正民法539条の2では、契約の相手方の承諾を条件に、契約上

の地位を第三者に移転することができることが明文化されました。

なお、賃貸不動産の譲渡と賃貸人たる地位の移転については、賃貸借の箇所で特則が設けられています（⇒17）。

2 ケーススタディ

Q 9-1 債権譲渡制限特約

Q 売主Xは買主Yとの間の商品売買基本契約に基づき、継続的な商品供給取引を行ってきた。当該売買基本契約には、XはYの事前の書面による承諾なく当該基本契約に基づく個別取引に係る売掛債権を第三者に対し、譲渡、担保提供、その他一切の処分をしてはならない旨の条項が設けられている。Xは、仕入先Zに対する買掛債務の支払に窮したため、とりあえずYに対する既存の売掛債権をZに譲渡して代物弁済することにした。

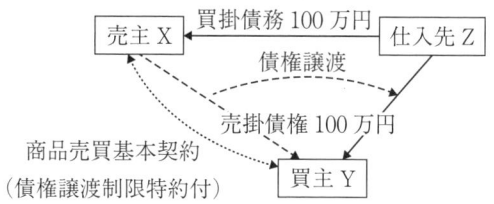

① XZ間の債権譲渡は有効か。

② ①の債権譲渡契約の締結と同日に、XはYに対して確定日付を付した書面によりその旨を通知した。また、契約締結前に、Zは、Xより、債権譲渡制限特約があるXY間の商品売買基本契約の写しを、当該売掛債権に関する個別契約の受発注書の原本とともに、受領している。(i)後日、当該売掛債権の弁済期が到来した際

に、ZがYに対してその履行を請求した場合、Yはこれを拒むことができるか。また、(ii)Yは、Zではなく、Xに対して弁済することができないか。

③ ②において、YはZに対する弁済を拒絶したが、Xに対してもいまだ弁済をしていない。Xは依然として資金繰りに窮しており、Yから弁済を受けない限り、Zに対する買掛債務支払の見込みもない。Zはどうすればよいか。

④ ②において、YはZからの請求を受けたものの、Zが譲渡制限特約について悪意であるのか善意であるのか確信が持てずにいた。Yはどうすればよいか。

⑤ ②において、YがZに対する弁済を拒絶した後、Xについて破産手続開始の決定があった。ZはXに対する債権について特段の担保を有しておらず、YがXに支払をしてしまうと、ZのXに対する債権の回収見込みはほぼなくなる状況にある。Zはどうすればよいか。

⑥ Yが銀行であり、XのYに対する債権が預金債権であり、当該預金債権について標準的な普通預金約款が適用される場合は、どうか。

A 《①について》：現行民法466条2項について、伝統的な通説は、譲渡制限特約に違反した債権譲渡は原則として無効である、と解していましたが、改正民法466条2項は、譲渡制限特約があったとしても、債権譲渡は「その効力を妨げられない」とし、債権譲渡は有効であることを明確にしました。

したがって、XZ間の債権譲渡は有効で、債権者はZであるということになります。

《②について》：YはZからの履行請求を拒絶することができ((i))、

また、Xに対する弁済をもって、Zに対して免責を主張すること
ができます（(ii)）。

　上記《①について》のとおり、改正民法の下では、譲渡制限特約
があっても、債権譲渡は有効であり、債権者は常にZということ
になりますが、改正民法は、債権者を固定しておきたいと考えて
譲渡制限特約を設けた債務者にも配慮して、譲渡制限特約の存在
について悪意または重過失のある「譲受人その他の第三者」に対
しては、債務者は、履行拒絶をし、あるいは、譲渡人に対する弁
済等をもって対抗することができることとしました（改正民法466
条3項）。

　事例②では、Zは、債権譲渡契約の締結前にXから譲渡制限特
約のある商品売買基本契約の写しを受け取っているので、この特
約があることを知っていた（知らなかったとしても重過失があった）
ものと認められます。したがって、YはZに対する履行を拒絶す
ることができ、また、Xに弁済をした上で、Zからの履行請求に対
して弁済による免責を主張することができます。

　《③について》：Zは、Yに対して相当期間を定めてXへの履行を
催告すればよく、それにもかかわらずYがXに履行しないよう
であれば、自分に支払うよう請求することができます。

　上記《②について》のとおり、改正民法466条3項によれば、譲
渡制限特約について悪意・重過失の譲受人がいる場合、債務者は、
譲受人からの履行請求を拒絶することができます。他方、債権者
は常に譲受人（悪意・重過失であっても）ということになるので、
債務者は、悪意・重過失の譲受人の履行を拒みつつ、譲渡人から
の履行請求も受けずに済むという、一種のデッドロック状態が生
じます。これを解消する手段として、改正民法466条4項は、悪
意・重過失の譲受人であっても、債務者に対して、相当期間を定

めて、譲渡人に対する履行の催告をすることができ、その期間内に履行がないときは、債務者は、譲受人の履行請求を拒むことができないこととしました。

したがって、Ｚは、相当期間を定めて、Ｘに弁済するようＹに催告すれば足ります。この催告の「相当期間」としては、100万円の債務なので、10営業日くらいをみておけばよいでしょう。

《④について》：Ｙは100万円を供託することができ、この供託金に対しては、Ｘではなく、Ｚのみが還付を請求することができます。

改正民法下では、債権者は常に譲受人（悪意・重過失であっても）ということになるので、現行民法下で可能であった「債権者不確知」による供託（現行民法494条後段。改正民法494条2項により踏襲）はできないことになりました。

しかし、改正民法下でも、譲受人が悪意・重過失であれば、譲渡人に対する弁済という選択肢もあるので、債務者としては、どちらに弁済すればいいか迷うという状況は、残ることになります。そこで、改正民法466条の2では、この場合にも債務者に供託という選択肢を与えることで、その悩みを解消することとしました（同条1項）。この供託をした債務者は、譲渡人・譲受人双方にその旨を通知することを要しますが（同条2項）、供託金の還付を請求できるのは、債権者である譲受人に限られます（同条3項）。

《⑤について》：ＺはＹに対して供託請求をすることができ、この供託金に対しては、Ｚのみが還付を請求することができます。

譲渡人に破産手続が開始した場合に、改正民法466条4項に従い、譲渡人に対する履行を催告することから始めなければならないとすると、譲受人は、譲渡された債権によって満足を得る機会をほぼ失うことになります。そこで、改正民法466条の3では、

譲受人から債務者に対する供託請求を認めるとともに、これによる供託金の還付請求は譲受人のみがなし得ることとし、譲受人が譲渡人の破産手続に巻き込まれることなく債権の回収を図ることができるようにしています。

　なお、民事再生や会社更生のような再建型の倒産手続の場合については、このような供託請求を認める規定は設けられていませんが、民事再生や会社更生の場合、債務者が譲渡人に弁済してしまったとしても、当該弁済金についての譲受人の譲渡人に対する返還請求権は共益債権として保護されることから、これにより譲受人は実質的に債権の全額の満足を得ることができます。

　《⑥について》：XZ 間の預金債権譲渡は無効であり、預金債権者は X になります。

　預金債権についての譲渡制限特約は、改正民法 466 条 2 項の規定にかかわらず、悪意・重過失の譲受人に対抗することができる（すなわち、預金債権の譲渡は無効になる）とされています（改正民法 466 条の 5）。譲渡制限特約には債権的効力しかない（すなわち、特約があっても債権譲渡は有効である）というルールを金融機関にも適用すると、膨大な払出業務を迅速に行うことが困難になり、業務に支障が生ずるという理由によるものですが、通常の預金約款に譲渡制限特約が付されていることは常識の範疇にあり、これを知らないことについては重過失が認定される可能性が高いでしょうから、預金債権の譲渡は、特段の事情がない限り、無効ということになります。

　したがって、XZ 間の預金債権譲渡は無効であり、預金債権者は X になりますから、Y は、Z からの履行請求は当然拒絶することができ、X に対する預金払戻は当然に有効となります。上記《③について》の改正民法 466 条 4 項、上記《④について》の同 466 条の

2、上記《⑤について》の同466条の3の適用も排除されることになります。

Q 9-2 将来債権の譲渡

Q　売主Xは買主Yとの間の商品売買基本契約に基づき、継続的な商品供給取引を行ってきた。今般、XがZ銀行から借入れを行うに当たり、Xは、Yとの今後の取引によって生じる売掛債権の上に、Zのために譲渡担保を設定することとした。

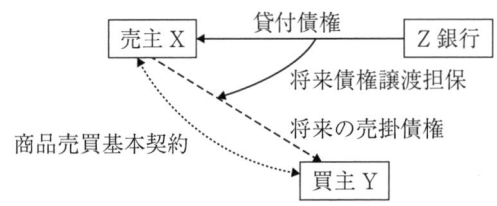

① XがZのために将来の売掛債権の上に設定した譲渡担保は有効か。

② Xは、Zに対して譲渡担保を設定すると同時に、Yに対し、担保として譲渡した旨の確定日付を付した通知をした。もっとも、XY間の商品売買基本契約中には、当初より売掛債権の譲渡、担保設定、その他一切の処分を禁止する規定が盛り込まれていた。その後、Xが債務不履行に陥ったため、ZはYに対してXの売掛債権に対する譲渡担保を実行して、自ら売掛債権の回収を行おうとしてきた。YはZに対する支払を拒むことができるか。

③ ②において、XY間の売掛債権の譲渡制限特約が当初はなく、Xによる譲渡担保設定通知到達後のいずれかの機会にXY間で合意されたものである場合はどうか。

A 《①について》：譲渡担保は有効です。

改正民法は、現行民法下の判例・通説ルールを明文化し、将来発生する債権も譲渡の対象とすることができる旨を定めているので（改正民法466条の6第1項）、XのZに対する、将来の売掛債権の（担保としての）譲渡は有効です。

《②について》：YはZの履行請求を当初は拒むことができますが、Zが、Yに対し相当期間を定めてXに弁済すべき旨を催告し、その後当該相当期間が経過した後であれば、もはやZに対する履行を拒むことはできません。

改正民法466条の6第3項では、将来債権の譲渡に係る対抗要件が具備される前に、対象債権について譲渡制限特約が合意されていた場合には、譲受人の悪意を擬制して、同466条3項（預金債権の場合には466条の5第1項）の規定を適用することとしています。つまり、譲受人による債務者に対する将来債権譲渡の対抗の可否と、当該債権に対する譲渡制限特約の効力の優先劣後関係は、債権譲渡の対抗要件具備と当該譲渡制限特約の合意成立の先後によって定まることとなります。

事例②では、XZ間の譲渡担保設定に係る対抗要件具備よりも前に、XY間においては譲渡制限特約が合意されています。この場合、譲渡制限特約に関するZの悪意が擬制されるため、Yは、改正民法466条3項により、Zの履行請求に対して、当初はこれを拒絶することができます。ただし、Zによる相当期間を定めたXへの履行催告があった後、当該期間内にYがXに履行しないと、Zに対する履行を拒むことができなくなります（同条4項）。

《③について》：YはZの履行請求を拒むことができません。

事例②で述べたとおり、将来債権の譲渡に係る対抗要件が具備

される前に、対象債権について譲渡制限特約が合意されていた場合には、譲受人の悪意が擬制されますが（改正民法466条の6第3項）、逆に、対抗要件具備の後に譲渡制限特約が合意された場合には、譲受人は当然に善意とみなされ、債務者は譲受人からの履行請求を拒絶することができません。

Q9-3 債権譲渡の対抗要件——異議をとどめない承諾の扱い

Q メーカーXは商社Yに対して売掛債権を有しているが、他方で、YもXに対して資材取引上の売掛債権を有している。そんな折、Xは急遽資金が必要となったため、Yに対する売掛債権を現金化することとし、Zファンドに対して当該売掛債権を譲渡した。その際、XとZは、Yから、反対債権の存在に言及せず、単純に債権譲渡があったことだけを認める旨の記載のある、確定日付を付した書面を得た。後日、ZがYに対して譲渡対象の売掛債権の支払を求めてきた場合、Yは、Xに対する反対債権との相殺をもってZに対抗することができるか。

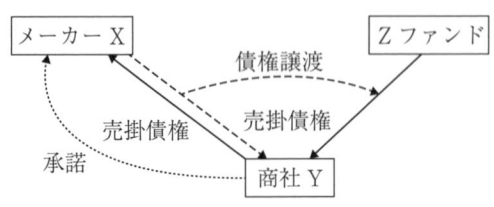

A YはXに対する反対債権との相殺をもってZに対抗することができます。

改正民法は、現行民法468条1項の異議をとどめない承諾の制

度を廃止しました。

　したがって、対抗要件具備時までに譲渡人に対して生じた事由をもって譲受人に対抗できるという原則（改正民法468条1項。現行民法468条2項をスライドさせたもの）に従い、YはXに対する反対債権との相殺をもってZに対抗することができます。

　なお、従来の異議をとどめない承諾の制度は廃止されることとなりましたが、債務者が明示的に抗弁権放棄の意思表示をすることを禁じるものではありません。したがって、譲受人の立場から改正民法施行後もなお異議をとどめない承諾と同様の法的効果を得ようとする場合には、債務者より、明示的・積極的な抗弁権の放棄の意思表示を得るという方法があります。しかしながら、真実は債務者に抗弁権があるにもかかわらず、債務者がそのことをよくわかっていないことに乗じて放棄させるなど、この制度を廃止した趣旨を没却するような不当な働きかけをして得た抗弁権放棄は、公序良俗、信義則、優越的地位濫用等の一般法理に反し無効となる可能性があります。この方法を実際にとるとしても、抗弁権放棄のデメリットについての債務者の十分な理解と自由意思を確保した慎重な対応が必要です。

Q 9-4　債権譲渡と相殺

Q　売主Xは買主Yとの間で売買取引を行っている。今般、XがZ銀行から借入れを行うに当たり、Xは、Yとの売買取引によって生じた売掛債権の上に、Zのために譲渡担保を設定することとした。ZからXに対する貸付実行と同日、XはYに対して譲渡担保設定について確定日付を付した書面による通知を行った。

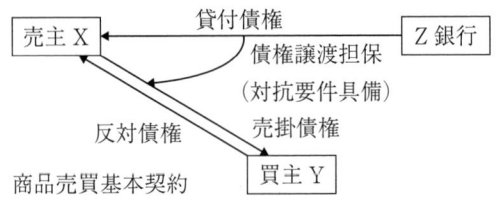

売主 X ← 貸付債権 ← Z 銀行
債権譲渡担保
（対抗要件具備）
反対債権　売掛債権
商品売買基本契約　買主 Y

① 上記の譲渡担保設定および通知よりも前に、Y は X に対して貸付けを行っていた。当該貸付けの弁済期は 20XX 年 9 月 30 日だが、譲渡担保の対象である売掛債権の支払時期はその 3 か月前の同年 6 月 30 日であった。いずれの期限も経過した後、X の資金繰りが悪化し、Z に対する借入債務の弁済が滞るようになったため、Z は譲渡担保を実行して、自ら売掛債権の回収を行おうとしてきた。Y は X に対する貸付債権を自働債権とする相殺をもって、Z からの請求に対抗することができるか。

② 上記の譲渡担保設定および通知よりも前に、X は Y との取引上取得し守秘義務の対象となっていた Y の機密情報を第三者に正当な理由なく漏らしていた。上記の譲渡担保設定および通知があった後、そのことが原因となって、Y に具体的な損害が発生した。その後、X の資金繰りが悪化し、Z に対する借入債務の支払が滞るようになったため、Z は譲渡担保を実行して、自ら売掛債権の回収を行おうとしてきた。Y は X に対する損害賠償請求権を自働債権とする相殺をもって、Z からの請求に対抗することができるか。

③ 上記の譲渡担保の対象となる売掛債権は、XY 間で将来締結される不特定の売買取引に係る売掛債権である。Z に対する譲渡担保設定および Y に対する通知の後、XY 間で具体的な売買取引が発生し、X が Y に商品を引き渡したが、当該商品に契約不適合

な欠陥があり、それが原因でYは損害を負った。その後、Xの資金繰りが悪化し、Zに対する借入債務の支払が滞るようになったため、Zは譲渡担保を実行して、自ら売掛債権の回収を行おうとしてきた。YはXに対する損害賠償請求権を自働債権とする相殺をもって、Zからの請求に対抗することができるか。

A 《①について》：YのXに対する貸付債権は、対抗要件具備時より前に取得したものなので、改正民法 469 条 1 項により、Yは、この貸付債権を自働債権とする相殺をもって、Zからの請求に対抗することができます。

《②について》：YのXに対する損害賠償請求権は、債権譲渡の対抗要件具備時より後に取得したものですが、対抗要件具備時より前の原因であるXの守秘義務違反に基づいて生じたものなので、改正民法 469 条 2 項 1 号により、Yはこの損害賠償請求を自働債権とする相殺をもって、Zからの請求に対抗することができます。

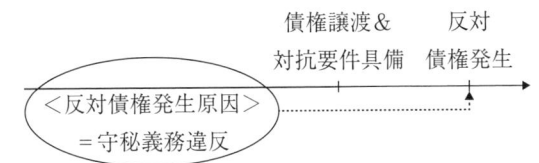

《③について》：将来債権譲渡のケースにおいて、改正民法 469 条 2 項 2 号が適用される典型的な事例です。

YがXに対して有する損害賠償請求権は、対抗要件具備時より後に発生し、かつ、対抗要件具備時より後の原因に基づいて生じた債権ですが、譲渡対象債権の発生原因である売買取引に基づい

て生じたものですから、改正民法 469 条 2 項 2 号により、Y は X に対する損害賠償請求を自働債権とする相殺をもって、Z からの請求に対抗することができます。

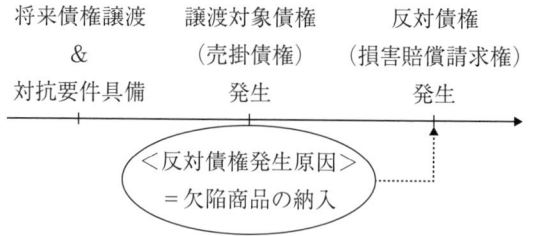

10 弁 済

1 改正のポイント

(1) 「弁済」の基本概念の明示

　改正民法は、「第6節　債権の消滅」「第1款　弁済」「第1目　総則」の冒頭に、「債務者が債権者に対して債務を弁済したときは、その債権は、消滅する」とする規定を新設しました（改正民法473条）。債権が債務者の弁済により消滅するのは当然のことですが、これは弁済の基本なのだから、冒頭に明文で定め、その後に、例外としての第三者の弁済の規定を置く方が自然でわかりやすいという考え方によるものです。

(2) 第三者弁済に関する規定の見直し

　演技や講演のように、その性質上他人にはできない給付を目的とする債務の場合や、契約当事者が他人の弁済を禁ずる等の合意をしていた場合は別として、弁済は、債務者以外の第三者もすることができるのが、本来です（現行民法474条1項、改正民法474条1項・4項）。債権の目的である給付が実現する以上、誰が弁済したのかは問題にしないのが経済取引の合理性に適うからです。

　しかし、現行民法は、これに対する重大な例外を認めました。「利害関係を有しない第三者は、債務者の意思に反して弁済をすることができない」という現行民法474条2項です。これは、利害関係がない（つまり、保証人や物上保証人ではない）人の恩義は受けたくない

とか、今の債権者以上に過酷な取立て（求償権の行使）をされるようになっても困るという債務者の立場に配慮したものですが、必ずしも表示されるとは限らない債務者の意思に法律効果を認めるため、後記のとおり債権者に過大なリスクを負わせるという問題があり、このような立法例は他にはなく立法として当を得ないとする批判もありました。少し観点を変えると、債務者の意思をここまで尊重する立法を維持するのであれば、債権者の意思も考慮に入れた制度にしないと不公平だということもできるでしょう。

そこで、改正民法は、債権者の立場に配慮した見直しをしました。その概要は以下のとおりです。

まず、「利害関係を有しない第三者」という文言を「正当な利益を有する者でない第三者」に改めました。これは、「利害関係」を「正当な利益」と解していた現行民法下の解釈を明文化したもので、同じ用語が弁済による代位のルールにも用いられています（改正民法500条）。

その上で、弁済をするについて正当な利益を有しない第三者による弁済は、①債務者の意思に反する場合は、(ｱ)原則無効、ただし例外的に、(ｲ)債務者の意思に反することを債権者が知らなかった場合は有効とし（改正民法474条2項）、②債権者の意思に反する場合は、(ｱ)原則無効、ただし例外的に、(ｲ)第三者が債務者の委託を受けて弁済をする場合であって、そのことを債権者が知っていたときは有効としました（改正民法474条3項）。新設された規定は、債務者の意思に反することを債権者が知らなかった場合に第三者弁済を有効とした474条2項ただし書（上記①(ｲ)）と、債権者の意思に反する弁済を原則無効とした同条3項本文（上記②(ｱ)）です。

①　債権者による第三者弁済の受領

　保証人等ではないが、債務者の友人だという人物が弁済したいと言ってきたとします。上記のとおり、現行民法は、このような第三者による弁済は、債務者の意思に反する場合は一律に無効としているので、債権者は、この弁済金を受領したいと思っても、おいそれとは受領できません。その第三者による弁済が債務者の意思に反するか否かはわからないし、すぐに債務者の真意を確認できればともかく、債務者への連絡もつかないという場合には、下手に受領してしまうと、後になって債務者の意思に反することがわかったときに、受領した弁済金を返還しなければならなくなるからです。かといって、そのリスクを恐れて受領を拒絶すると、その後になってその第三者による弁済が債務者の意思に反しないことがわかったときには、受領遅滞の責任を負わされます。債権者としては、まさに進退窮まるわけで、この結論は妥当とはいえません。

　改正民法は、債務者の意思に反する第三者弁済であっても、そのことを債権者が知らなかったときは、弁済は有効になることとしたので（改正民法474条2項ただし書）、債権者は、債務者の意思がどうなのかを気にしないで、安心して弁済を受けることができるようになりました。これまで、金融機関では、現行民法下で生ずる上記のリスクを避けるために、弁済を申し出た第三者に併存的債務引受をさせた上で弁済を受領するという運用もされていたところですが、これも不要になります。

→ Q 10-1　債権者による第三者弁済の受領

②　債権者による第三者弁済の受領拒絶

　①とは反対に、第三者による弁済の申し出を、債権者が拒絶したいと考える場合もあります。その第三者が反社会的勢力に属してい

る疑いがあるような場合がその典型です。しかし、上記のとおり、現行民法の下では、受領拒絶後に、その第三者による弁済の提供が債務者の意思に反しないことがわかった場合には、債権者は、受領遅滞の責任を負うこととなるので、このリスクを避けるために弁済を受けざるを得ないことがありました。しかも、このように不本意な弁済受領をした後に、その第三者による弁済が債務者の意思に反することがわかったときは、債権者は、いったん受領した給付を第三者に返還しなければならないというリスクを負うことになります。

そこで、改正民法は、第三者は、債権者の意思に反して弁済をすることができないと定めて、その弁済が債務者の意思に反しない場合であっても、債権者には受領拒絶権があることを認めました（改正民法474条3項本文）。これにより、債権者は、債務者の意思がどうなのかを気にすることなく、自身の判断で、受領を拒絶することができるようになりました。

→ Q 10 -2 債権者による第三者弁済の受領拒絶

⑶ 「債権の準占有者」から「受領権者としての外観を有する者」へ

弁済は、債権者および弁済受領権限を付与された第三者（債権者から取立委任を受けた者や破産管財人など）に対してしなければその効力を生じないのが原則ですが、その例外として、「債権の準占有者」への弁済は、弁済者が善意・無過失であれば、有効とされています（現行民法478条）。

改正民法は、この現行民法478条の内容は変更せず、ただ、この「債権の準占有者」という語を「受領権者以外の者であって取引上の社会通念に照らして受領権者としての外観を有するもの」に改めました。

「債権の準占有者」という法律用語は、「この章〔注：占有権の章です〕の規定は、自己のためにする意思をもって財産権の行使をする場合について準用する」と定めている現行民法205条の規定に由来するもので、それなりのイメージも伝わり、法律実務家にとっては使い慣れた用語ですが、その文言自体が一般の人にはいかにもわかりにくく、規定内容も明確でないという批判がありました。そこで、改正民法は、相手の外観を信頼した債務者を保護するという規定の趣旨に合致した本来の意味を、そのまま条文に書き込むことにしたわけです。

なお、通説は、この「債権の準占有者」とは、取引通念上真実の債権者であると信じさせるような外観を有する者をいうと解釈し、判例も同じ理解に立って、債権が二重譲渡された場合における劣後する譲受人、詐称代理人、預貯金通帳と届出印の持参人等がこれに該当するとしているので、実務に与える影響はありません。

(4) 一部弁済による代位の要件・効果の明確化

保証人等が弁済すると、債務者に対し求償権を取得します。民法は、この求償権の効力を確保するために、債権者がその債権について有する担保権その他の権利が、この求償権の範囲内で弁済者に移転するものとしました。これが、弁済者の代位または代位弁済といわれるものです。

保証人等が担保付債権の一部を弁済した場合、担保権は、弁済額の割合だけ代位者に移転しますが、そこから先の代位者による具体的な権利行使はどうなるのか、本来の権利者である債権者との関係で制約を受けることがあるのかについては、現行民法には、特に定めはありません（現行民法502条1項参照）。このため、大審院の判例の中には、代位者は、債権者の同意を得ないで単独に抵当権を行使

することができるとするもの（大決昭和6・4・7民集10巻5号535頁。割賦払い債権の一回分を保証人が弁済した事例）もあり、学説上も、抵当権が実行されたときは、代位者は、債権者と平等の立場で配当を受けられるとする見解がありました。

　しかし、この点については、代位弁済制度の目的は求償権の保護に尽きるのだから、債権者を害してまで代位者の権利を認めるのは、その目的を逸脱するという鋭い指摘があり、上記の大審院判例に対しても、債権者が抵当不動産の処分を強いられるのは不当だとする強い批判がありました。銀行実務では、保証人・物上保証人との契約で、一部弁済によっては代位しない旨の特約をするのが通例になっています。また、最高裁は、抵当権実行による競落代金の配当について、債権者が一部代位者に優先することを明らかにしました（最判昭和60・5・23民集39巻4号940頁）。

　そこで、改正民法は、㋐一部代位者が、担保権等を行使するためには、債権者の同意を得ることを要すること（改正民法502条1項）、㋑一方、債権者は、単独で権利を行使することができること（同条2項）、㋒そして、権利行使の結果得られる金銭（競売による売却代金等）については、債権者が一部代位者に優先すること（同条3項）を、明記しました。いずれも、現在ではほぼ異論のないところを明文化したもので、債権者の利益に配慮した妥当な改正といえます。一部弁済によっては代位しないという銀行実務の特約は不要になったわけですが、改正民法と同旨の特約であることを保証人・物上保証人に確認しておくという意味があるので、残しておくのがいいでしょう。

→ Q 10 -3　一部弁済者による代位

(5) 担保保存義務

　担保保存義務について、改正民法は、新たに、債権者の担保保存義務違反行為により免責された物上保証人から担保目的財産を譲り受けた第三者およびその特定承継人も、免責されること（改正民法504条1項後段）および担保を喪失・減少させた債権者の行為に「取引上の社会通念に照らして合理的な理由がある」場合には、免責の効果は生じないこと（同条2項）を明確にしました。いずれも、判例の趣旨を踏まえたものです。

　後者に関して、取引上の社会通念に照らして合理的な理由があることの主張立証責任は、債権者にあります。担保の差替えを例に説明すると、担保の放棄の事実は、代位者が主張立証責任を負い、それが、実は担保の差替えであって、差替え後の担保の価額も同等である等の事情は、上記の「合理的な理由」として債権者が主張立証しなければなりません。もっとも、現行民法下でも、このような事情は、担保の放棄が「故意・過失による担保の喪失」に該当することを覆す特段の事情として、債権者が主張立証していたものと思われるので、裁判実務の運用は変わりません。

(6) 預貯金口座への払込み

　現行民法には、預貯金口座への払込みによる弁済についての規定はなく、その要件や効果はすべて解釈に委ねられています。しかし、預貯金口座への払込みによる支払が日常化し、市民生活を支えている今日の社会状況に照らすと、その根拠規定を民法に置くのが相当というべきでしょう。

　そこで、改正民法は、預貯金口座への払込みが弁済になることを前提として、預貯金口座への払込みによる弁済は、債権者が、払い

込まれた金銭の額について「払戻しを請求する権利を取得した時」
にその効力を生ずる（したがって、この時に金銭債権は消滅する）旨の
規定を新設しました（改正民法477条）。口座への払込みによる弁済
をすることができる要件などは、引き続き解釈に委ねられます。

(7) 特定物ドグマの否定

　現行民法483条は、特定物の引渡しについて「その引渡しをすべ
き時の現状でその物を引き渡さなければならない」と規定していま
すが、本条は、売主の担保責任について法定責任説をとる伝統的な
見解の考え方である、いわゆる「特定物ドグマ」（特定物の売買は、そ
の物があるべき品質を備えていなくても、その物を引き渡せば完全な履
行になる、という考え方）の実定法上の根拠とされていました。

　しかし、改正民法は、この「特定物ドグマ」を否定し、売主の担
保責任は債務不履行責任であるとする契約責任説をとったので（本
書171頁参照）、本条についても、特定物を現状有姿で引き渡さなけ
ればならないのは、「契約その他の債権の発生原因及び取引上の社
会通念に照らしてその引渡しをすべき時の品質を定めることができ
ない」場合に限るとする修正を加えました（改正民法483条）。

　改正民法全体の理論的整合性を確保するための改正なので、実務
に与える影響はありません。

(8) 取引時間の定めがある場合には

　何月何日までに届けてくれればいいと約束したからといって、そ
の日の夜中の11時50分に持って来られたのでは、困ります。こん
な場合に備えて、商法には、「法令又は慣習により商人の取引時間の
定めがあるときは、その取引時間内に限り、債務の履行をし、又は
履行の請求をしなければならない」とする規定があるのですが（商

法520条）、現行民法にはありません。しかし、商取引でなくとも、「慣習により」取引時間の定めがあると認められるケースは少なくないといわれています。そうだとすると、取引時間の定めがある場合についての規律を商取引のみに適用すべき理由はないはずです。

そこで、改正民法は、弁済の場所について定めた484条1項（現行民法484条を踏襲）に続けて、弁済の時間について、「法令又は慣習により取引時間の定めがあるときは、その取引時間内に限り、弁済をし、又は弁済の請求をすることができる」とする規定（改正民法484条2項）を新設しました。

これに伴い、商法520条の規定は削除されます。

(9) 代物弁済を要物契約から諾成契約に

現行民法482条の代物弁済の規定は、代物の給付が弁済と同一の効力を有すると定めるのみだったので、伝統的な見解は、代物弁済は代物の給付によって効力を生ずる要物契約であり、当事者の合意だけで代物給付請求権が発生するわけではないと考えていました。しかし、その後、代物弁済予約や停止条件付代物弁済の取引における担保の実効性を確保するためには、債権者に代物給付請求権を認める必要があることが強調されるようになり、現在では、代物弁済は諾成契約であり、代物弁済の合意により、債権者は弁済者に対する代物給付請求権を取得するとする見解が大勢を占めています。

そこで、改正民法は、「債権者との間で、債務者の負担した給付に代えて他の給付をすることにより債務を消滅させる旨の契約をした場合において」という文言を加えた上で、弁済者が代物の給付をしたときは、その給付が弁済と同一の効力を有する旨を明記しました（改正民法482条）。代物弁済は諾成契約により成立するが、債権が消滅するという効果は、代物の給付があって初めて生ずることを明ら

かにしたわけです。

⑽　その他

　以上のほか、㋐弁済充当については、合意充当を最優先とする規定を新設して（改正民法490条）、合意がなければ指定充当、指定がなければ法定充当によることを明記する（改正民法488条、490条）とともに、法定充当、指定充当の規定内容をわかりやすく整理し、㋑供託については、現行民法494条の供託要件を整理する（改正民法494条）とともに、供託の目的物を競売に付してその代金を供託することが許される場合として「物を供託することが困難な事情があるとき」を付加して、供託実務を合理化し（改正民法497条4号）、㋒弁済による代位については、任意代位に債権者の承諾を不要とし（改正民法499条）、現行民法501条1号・6号を削除して、保証人の代位の付記登記を廃止する（改正民法501条3項）、㋓制限行為能力者が弁済として引き渡した所有物について、さらに有効な弁済をしなければこれを取り戻すことができないとする現行民法476条を、制限行為能力者の保護に欠けるという理由から削除する、㋔現行民法486条において債務の履行後とされていた受取証書の交付請求時期について、債務の履行と受取証書の交付は同時履行の関係にあるという従前の解釈等を明文化する（改正民法486条）、などの改正をしています。

2　ケーススタディ

Q 10-1　債権者による第三者弁済の受領

Q　X銀行はZに対し、1年後に一括弁済する条件で300万円を貸し付けたが、Zは弁済期の一月前に行方不明になったところ、弁

済期日に、Zの弟で、X銀行の担当者も顔見知りのYが、300万円を持参してZの債務を弁済したいと申し出た。X銀行は、これを受領することができるか。

A 改正民法の下では、X銀行は弁済を受領することができます。

　Yは保証人等ではないので、弁済をする正当な利益はありません。現行民法は、このような第三者の弁済は、債務者の意思に反する場合は一律に無効としているので（現行民法474条2項）、X銀行は、これを受領してしまうと、後になってZの意思に反することがわかったときに、受領した弁済金を返還しなければならなくなるというリスクがあり、簡単に受領することはできませんでした。

　しかし、改正民法は、債務者の意思に反する第三者弁済であっても、そのことを債権者が知らなかったときは、弁済は有効になることとしたので（改正民法474条2項ただし書）、X銀行は弁済を受領することができます。これまで金融機関がとってきた、Yに併存的債務引受をさせた上で弁済を受けるという現行民法下の運用も不要になります。

Q 10-2 債権者による第三者弁済の受領拒絶

Q 上記 Q 10-1 のケースで、弁済を申し出たYが、威圧的な言動で弁済の受領を迫るなどし、反社会的勢力に属している疑いも出てきたような場合、X銀行は、弁済の受領を拒絶することができるか。

A 改正民法の下では、X銀行は、弁済の受領を拒絶することができます。

現行民法の下では、受領拒絶後に、その第三者による弁済の提供が債務者の意思に反しないことがわかった場合には、債権者は、受領遅滞の責任を負うこととなるので、このリスクを避けるために、弁済を受けざるを得ないことがありました。

しかし、改正民法は、第三者は、債権者の意思に反して弁済をすることができないと定めて、その弁済が債務者の意思に反しない場合であっても、債権者には受領拒絶権があることを認めたので（改正民法474条3項本文）、X銀行は、受領を拒絶することができます。

Q 10-3 一部弁済者による代位

Q Zは、X銀行から1000万円を、2年後に一括返済する条件で、借り入れ、この債務を担保するために、所有地に抵当権を設定した。また、Yは、Zから委託を受けて、X銀行に対し上記債務を保証した。しかし、Zは、弁済期を経過しても弁済しなかった。このため、Yは、X銀行から保証債務の履行を求められて、これに応じ、工面した400万円をX銀行に支払った。

① Yは上記抵当権を実行したいと考え、X銀行に申し入れたが、X銀行は、土地の値上がりが見込めるので時期尚早であるとして、これに同意しなかった。Yは、抵当権を実行することができるか。代位権不行使の特約はなかったものとする。

② X銀行が抵当権の実行に同意し、競売により、この土地が700万円で売却された場合、X銀行とYへの配当額はいくらになるか。他に抵当権者はいないものとする。

A 《①について》：改正民法502条1項は、一部代位者が担保権等を行使するためには、債権者の同意を得ることを要すると定めた

ので、Y は債権者である X 銀行の同意を得ないで抵当権を実行することはできません。

　なお、現行民法にはこのような規定がないので、解釈論としては、大決昭和 6・4・7 に従い、Y は抵当権を実行し得るとする説と、代位制度は債権者の権利を害し得ないとして、抵当権は実行できないとする説に分かれます。

　《②について》：改正民法 502 条 3 項によれば、債権者が一部代位者に優先するので、X 銀行は債権額全額の 600 万円の配当を受けることができ、Y への配当額は 100 万円になります。

　なお、現行民法にはこのような規定はありませんが、最判昭和 60・5・23 民集 39 巻 4 号 940 頁に従えば同じ結論になります。この最高裁判例があるので、按分額である 420 万円と 280 万円になるという見解はとれないでしょう。

⑪ 相殺等

1 改正のポイント

(1) 相殺の改正のポイント

① 相殺制限特約の効力

相殺制限特約の効力について、改正民法505条2項は、相殺適状にあれば相殺できるとする1項の規定に続けて、「前項の規定にかかわらず、当事者が相殺を禁止し、又は制限する旨の意思表示をした場合には、その意思表示は、第三者がこれを知り、又は重大な過失によって知らなかったときに限り、その第三者に対抗することができる」と規定しました。これは、現行民法505条2項中、以下の3点を改めたものです。

第1は、「当事者が反対の意思表示をした場合」としていたのを「当事者が相殺を禁止し、又は制限する旨の意思を表示した場合」に改めたことです。「反対の意思表示」の解釈を明文化したものです。実務ではこれまで、この「反対の意思表示」を「相殺禁止特約」と呼んでいましたが、改正民法下では「相殺制限特約」という呼び方が一般化するかもしれません。

第2は、「善意の第三者」としていたのを、「第三者がこれを知り、又は重大な過失によって知らなかったとき」に改めたことです。重大な過失によりこの特約を知らなかった第三者は、悪意の第三者と同視されるべきだとする従前の確立した解釈を明文化したものです。

第3は、現行民法が、「ただし、その意思表示は、善意の第三者に

対抗することはできない」と、ただし書にして、「善意（無重過失）」の立証責任をその第三者に負わせていたのを（現行民法505条2項ただし書）、「その意思表示は、……ときに限り、その第三者に対抗することができる」と改めることにより、「悪意・重過失」の立証責任を、特約に対抗力があることを主張する側に負わせたことです。これは、債権譲渡制限特約に関する改正民法466条3項の規律（譲渡制限特約があっても、債権譲渡の効力は妨げられず、ただし、特約があることを知り、重大な過失によって知らなかった譲受人その他の第三者に対しては、債務者は、その債務の履行を拒むことができ、かつ、譲渡人に対する抗弁事由をもってその第三者に対抗することができる、とする）と平仄をあわせたものです。

② 不法行為債権等を受働債権とする相殺禁止

現行民法は、不法行為により生じた債権を受働債権とする相殺を一律に禁止していますが（現行民法509条）、その根拠は、違法行為の誘発防止や、被害者の現実弁済の確保にあるとされています。しかし、違法行為の誘発防止のためであれば、過失や単純な故意による不法行為債権まで含めるのは広すぎるし、また、被害者に弁済を得させる必要をいうのであれば、不法行為債権に限らず、安全配慮義務違反などの債務不履行による債権の中にもそれにふさわしいものがあります。

そこで、改正民法は、①「悪意による不法行為に基づく損害賠償の債務」および②「人の生命又は身体の侵害による損害賠償の債務」を受働債権とする場合に限り、相殺を禁止することとしました（改正民法509条柱書および各号）。①の「悪意」は、破産法253条1項2号（「破産者が悪意で加えた不法行為に基づく損害賠償請求権」には、免責の効力が及ばないとするもの）の「悪意」と同義で、単なる故意では足

りず、積極的に損害を与える意図をいうものと解されます。また、②の債務には、過失による不法行為に基づくものも含み、さらに、不法行為によるものだけではなく、保護義務や安全配慮義務違反など債務不履行によるものも含むと解されます。

　ただし、上記①および②に該当する債権を不法行為等の被害者から譲り受けた者が債権者であるときは、被害者自身と異なり現実弁済を確保させる必要はないので、相殺を認めることとしています（改正民法509条ただし書）。

《実務上の注意点》これまでと異なり、改正民法下では、たとえば過失による交通事故に基づく「物損」の債務を受働債権とする相殺が認められることになります。また、不法行為たる性質を持つ営業秘密の侵害や知的財産権侵害に基づく損害賠償債務を受働債権とするものであっても、債務者の悪意が立証されない限りは、相殺が認められることになるので、留意しておく必要があります。

→ Q 11-1　不法行為債権等を受働債権とする相殺

③　差押えと相殺

(ｱ)　差押え前に取得した自働債権による相殺

　現行民法は、「支払の差止めを受けた第三債務者は、その後に取得した債権による相殺をもって差押債権者に対抗することができない」と規定しています（現行民法511条）。

　それでは、差押えの前に取得した債権による相殺はどうか。差押債権者Xが債務者Yの預金債権を差し押さえた場合に、第三債務者であるZ銀行は、Yに対して有する貸付債権を自働債権とし、預金債権を受働債権とする相殺をすることができるかということです。

　この条文を素直に読めば、その反対解釈により、Z銀行は、差押えを受ける前に取得している預金債権による相殺をもって、Xに対

抗することができるように読めるのですが（後記の無制限説）、その
ことが条文上明記されていないので、決め手にはしにくく、疑義は
残ります。このこともあって、両債権の弁済期の前後関係を考慮す
べきか否かが争われることになり、自働債権の弁済期が受働債権よ
り先に到来する場合に限り相殺を認めるとする考え方（いわゆる制
限説）と、自働債権と受働債権の弁済期の前後を問わず、両者が相
殺適状に達しさえすれば、差押え後においても相殺が可能であると
する説（いわゆる無制限説）が対立していました。最高裁は、当初、
制限説をとっていましたが（最大判昭和 39・12・23 民集 18 巻 10 号
2217 頁など）、その後これを変更して、無制限説をとることを明らか
にしました（最大判昭和 45・6・24 民集 24 巻 6 号 587 頁）。

　制限説の根拠は、差し押さえられた受働債権（預金債権）の弁済期
が先に到来する場合には、Z 銀行は、その払戻債務を遅滞しないと、
相殺適状に持ち込めないから、そのような不誠実な第三債務者の相
殺への期待を保護する必要はないというものでした。これに対し、
昭和 45 年大法廷判決は、相殺には担保的機能があって、これが経済
社会において取引を助長する役割を果たしていることを強調し、「こ
れによって保護される当事者の地位は、できる限り尊重すべきもの」
とした上で、相殺権の行使が、差押えを受けたという一事によって
当然に禁止されるべきいわれはないこと、現行民法 511 条の文言等
を理由に、無制限説を正当としています。最高裁は、経済取引の実
態を踏まえて、制限説から無制限説に舵を切り、この論争に決着を
つけたといえそうです。

　そこで、改正民法は、「差押えを受けた債権の第三債務者は、差押
え後に取得した債権による相殺をもって差押債権者に対抗すること
はできないが、差押え前に取得した債権による相殺をもって対抗す
ることができる」と規定しました（改正民法 511 条 1 項）。無制限説を

とる判例ルールを明文化し、併せて、現行民法511条の規定上の疑義をなくしたわけです。

(イ) 差押え前の「原因」に基づき発生した債権を自働債権とする相殺

さらに、改正民法は、「差押え後に取得した債権が差押え前の原因に基づいて生じたものであるときは、その第三債務者は、その債権による相殺をもって差押債権者に対抗することができる。ただし、第三債務者が差押え後に他人の債権を取得したときは、この限りでない」旨の規定を新設しました（改正民法511条2項）。本文は、破産法の相殺ルールと平仄をあわせたもので、債権の発生原因が差押え前に存在していたのであれば、第三債務者の相殺に対する期待は合理的であり、差押え前に債権が発生していた場合と同様に保護すべきである、という考え方によるもの、ただし書は、そうはいっても、差押え後に他から債権を譲り受けて差押債権者に対抗するような不当なことは許されないことを明記したものです。

具体的にどのような場合が「差押え前の原因」に該当するかについては、今後の裁判実務の動向に留意しておく必要がありますが、破産法の相殺ルールに関する判例には、手形割引契約に基づく手形買戻請求権や委託保証人の事後求償権が「前の原因」に基づく債権に該当すると判断したものがあります。

→ Q 11-2 差押え前の原因により生じた債権を自働債権とする相殺

→ Q 11-3 差押え後に他人から取得した債権を自働債権とする相殺

④ 相殺の充当方法に関する規定の整理

相殺の充当方法について、現行民法では、弁済の充当の規定（現行民法488条〜491条）を単純に適用していました。もっとも、判例では、相殺には遡及効があることから、当事者間に対立する複数の

債権債務が存在する場合について、元本債権相互間では相殺適状となった時期の順に従い相殺するとし、相殺適状となった時期が同じである元本債権相互間や利息・費用債権相互間については、現行民法489条および491条を適用していました。また、相殺の充当の順序に関する合意が有効であることは争いのないところと考えられていましたが、条文上明確ではありませんでした。

そこで改正民法では、上記の判例等を踏まえて、相殺の充当の方法について整理しました。具体的には、債権者が債務者に対して有する一個または数個の債権と、債権者が債務者に対して負担する一個または数個の債務について、①相殺の充当に関する合意をしたときはそれによって消滅し、②合意をしなかったときは、相殺適状となった時期の順序に従って相殺することで消滅するとし（改正民法512条1項）、その上で、相殺適状となった時期が同じである債権相互間と利息・費用債権の充当方法については、指定充当の規定を除く弁済の充当の相当規定を準用しています（同条2項）。

(2) 更改の改正のポイント

① 更改の要件の明文化

更改は、もとの債務を消滅させ、新たな債務を成立させる契約です。

更改の要件について、現行民法は、「債務の要素を変更」することとしています（現行民法513条1項）。この「債務の要素」とは、具体的には「債務の内容」、「債権者」、「債務者」を指すと解されていますが、「債務の要素」という文言からこのような具体的な意味を読み取るのは難しいでしょう。

また、もともと更改は、債権譲渡や債務引受が認められていなかったローマ法の時代に、当事者の交替を可能にする役割を担っていた

ものですが、その後、債権譲渡・債務引受が認められ、債務の内容の変更も、変更契約、代物弁済、和解契約などの他の方法により実現できるようになったことから、更改の存在意義は乏しくなっていました。そのため、現行民法には明文の規定はないものの、判例・学説は、更改をするに当たっては、当事者に、旧債務を消滅させ新債務を成立させるという「更改の意思」が必要であるとし、そのような更改の意思がない限り、当事者間の合意の内容に応じて、代物弁済、債権譲渡、債務引受などと解釈すべきと考えていました。

　そこで、改正民法は、更改の要件として、「債務の要素を変更する」ことに代えて、①旧債務の給付内容について重要な変更をすること、②債務者を交替すること、③債権者を交替することという具体的な内容を掲げ（改正民法513条各号）、かつ、当事者の更改の意思が必要であることを明記しました（改正民法513条柱書）。いずれも、これまでの一般的な理解を明文化したものです。

②　困った規定の削除

　ところで、現行民法には、その解釈にいささか難がある規定があります。新債務が、不法の原因のためまたは当事者の知らない事由によって成立せずまたは取り消された場合には、旧債務は消滅しない（つまり、復活する）とする現行民法517条です。

　「新債務が成立しない」とは、更改契約が無効であるため新債務が成立しないことを、「新債務が取り消された」というのは、更改契約が取り消されたため新債務が消滅したことを意味するものと思われます。つまり、この規定は、更改契約が無効とされ、または取り消されたとしても、常に、旧債務が復活するわけではなく、一定の場合に限り復活することとしたもので、そのこと自体は理解できるのですが、具体的にどんな場合に旧債務の復活を認めるのがいいのか

を特定するのは、それほど容易なことではありません。無効・取消原因の内容とその悪質性の度合い、その原因に対する当事者の一方または双方の認識・関与・寄与の有無・程度、さらには、無効・取消しになった場合には旧債務をどうするつもりだったのかという当事者の意思等を、個別の事案に応じて考慮せざるを得ないという側面があるからです。そうすると、不法の原因または当事者の知らない事由による場合を切り出して、この場合には旧債務は復活するとした現行民法517条にも疑問が残ります。このためもあってか、この規定の個々の字句の解釈や理由付けを巡っては、様々な議論がありました。

　改正民法は、この規定を削除することにしました。この規定を改正して、より具体的な判断基準を明文化する方向についても検討がされましたが、最終的には、個別の更改契約の解釈に委ねるという判断に落ち着いたといえるでしょう。

《実務上の注意点》取引実務で更改契約をすることは少ないと思いますが、更改契約に無効・取消原因がある場合の旧債務の帰すうは、個別の契約の解釈によることになるので、注意を要します。

③　更改後の債務への担保の移転

　更改の効果として旧債務は消滅するので、旧債務に設定されていた質権・抵当権も、附従性により消滅するのが原則です。そこで、その例外として、質権・抵当権を新債務に移せることを定める規定が必要になります。

　この点について、現行民法では更改の当事者による合意が必要とされていましたが（現行民法518条1項本文）、改正民法は、債権者の意思表示のみで足りることとしました（改正民法518条1項本文）。

また、質権・抵当権の移転は「あらかじめ又は同時に」、つまり更改契約をする以前に、更改の相手方に対する意思表示によってしなければならないことも明記しました（改正民法518条2項）。これは、更改契約の後に質権・抵当権が移転することを認めると、担保権が付従性により消滅することと抵触することになるからです。なお、免責的債務引受についても、同旨の規定が新設されています（改正民法472条の4第2項）。

④ 債務者の交代による更改

現行民法514条は、債務者の交代による更改は、債権者と更改後に債務者となる者との契約によってすることができるが、更改前の債務者の意思に反してすることができない、と定めていました。改正民法では、債務者の交代による更改と類似の機能を有する免責的債務引受に関する改正との整合性を考慮し（改正民法472条2項参照）、①更改前の債務者の意思に反する場合でも、債権者と更改後に債務者となる者との契約によって債務者の交代による更改をすることができるとし（改正民法514条1項前段）、②その効力は、債権者が更改前の債務者に通知した時に生ずるとし（同項後段）、③債務者の交代による更改後の債務者は更改前の債務者に対し求償権を取得しない、と定められました（改正民法514条2項）。

2 ケーススタディ

Q 11-1 不法行為債権等を受働債権とする相殺

Q 以下の債権を受働債権とする相殺の可否はどうか。現行民法による場合と改正民法による場合とで、違いがあるか。

　① アパレルメーカーであるX社は、商品開発に当たり十分な調査

を行わないまま、競合メーカーであり取引先でもあるＹ社が商標登録しその販売商品に広く利用しているロゴと酷似したロゴを使用した商品を、Ｙ社の許諾なしに販売したところ、その商品が大ヒットし、これによりＹ社に売上高の減少等の営業上の損害が生じた。この場合、Ｘ社は、自らがＹ社に対して有する売掛金債権を自働債権、Ｙ社がＸ社に対して有する不法行為に基づく損害賠償請求債権を受働債権として、対当額で相殺することができるか。

② Ｘ社の従業員であるＡは、仕事中に誤って、取引先Ｙの機密情報を、ＹのライバルであるＺ社の担当者にメール送信してしまい、これにより、Ｙに売上減少等の損害が生じた。この場合、Ｘは、自らのＹに対する売掛金債権を自働債権、ＹがＸに対して有するＸの使用者責任に基づく損害賠償請求債権を受働債権として、対当額で相殺することができるか。

③ Ｘは、Ｙに対して弁済期到来済の貸金債権を有しているところ、駐車場で自動車の運転操作を誤り、たまたま同じ駐車場に駐車していたＹの自動車に衝突し同車を損傷させた。この場合、Ｘは、自らのＹに対する貸金返還請求債権を自働債権、ＹのＸに対する損害賠償請求債権（物損）を受働債権として、対当額で相殺することができるか。

④ Ｘは、Ｙに対して弁済期到来済の貸金債権を有しているところ、自家用車を運転中、前方をよく見ていなかったため、たまたま道路を横断していたＹに自車を衝突させ、全治１か月の怪我を負わせた。この場合、Ｘは、自らのＹに対する貸金返還請求債権を自働債権、ＹのＸに対する損害賠償請求債権を受働債権として、対当額で相殺することができるか。

A 《①について》：現行民法では、509条により相殺は認められませんが、改正民法では、509条1号により、X社の不法行為が悪意によるものではない（過失によるものである）と認定されれば、相殺が認められます。なお、特許法や商標法においては、特許権等の侵害行為に関する侵害者の過失を推定する規定があり（特許法103条、商標法39条）、この過失推定規定を適用する場合には改正民法に基づく相殺が認められます。他方で、侵害者の過失を推定する規定のない知的財産権侵害や、営業秘密侵害に関する不法行為のケースでは、実際には、侵害者（このケースでいえばX社）の悪意によるものと認められる例も少なくないので、その場合には相殺が認められないこととなります。

《②について》：Xは、Aの過失による行為につき使用者責任を負うものと認められます。したがって、現行民法では、509条により相殺は認められませんが、改正民法では、509条1項1号の悪意によるものとは認められないので、相殺が認められます。

《③について》：Xは、過失による不法行為責任を負うものと認められます。したがって、現行民法では、509条により相殺は認められませんが、改正民法では、509条1号の悪意によるものとは認められないので、相殺が認められます。

《④について》：Xは、過失による不法行為によりYの身体を侵害したことによる損害賠償債務を負ったものと認められます。したがって、現行民法では、509条により相殺は認められず、改正民法でも、509条2号の「人の生命又は身体の侵害による損害賠償債務」に該当するので、相殺は認められません。

Q 11-2 差押え前の原因により生じた債権を自働債権とする相殺

Q Xは友人Yに対して50万円を貸し付けたが、弁済期を過ぎてもYは返還しなかった。このため当面の資金に窮したXは、Z銀行から50万円を借り入れ、Yは、Xの委託を受けて、Z銀行に対し、Xの債務につき保証した。ところが、Xは、弁済期を過ぎてもZ銀行に弁済しないまま、失踪した。一方、Xに対し債権を有していたAは、XのYに対する50万円の貸金債権を差し押さえた。この差押え後に、YはZ銀行の求めに応じて、保証債務の履行として、Xの借入金債務50万円を全額弁済した。

　Yは、Xに対する求償権を自働債権とし、XのYに対する貸金返還請求債権を受働債権として、対当額で相殺できるか。

A YのXに対する求償権は、差押え後に発生したものですが、差押え前に締結された委託に基づく保証契約を原因とするものです。ところで、現行民法では、「差押え後に取得した債権による相殺をもって差押債権者に対抗することができない」という規定（現行民法511条）しかないので、Yは、この求償権を受働債権とする相殺をすることはできませんが、改正民法は、差押え後に取得した債権であっても、差押え前の原因に基づいて生じたものであるときは、これを受働債権とする相殺を認めることとしたので（改正民法511条2項本文）、Yは、この求償権を受働債権とする相殺をすることができます。

Q 11-3 差押え後に他人から取得した債権を自働債権とする相殺

Q Q 11-2 のケースで、X の保証人となり Z に保証債務を履行したのが X の別の友人である W であり、Y は、X に対する貸金債権が A に差し押さえられた後に、W から W の X に対する求償権を買い取ったという場合、Y は、この求償権債権を自働債権とし、X の Y に対する貸金返還請求債権を受働債権として、対当額で相殺できるか。

A 現行民法では、相殺をすることはできないことは、Q 11-2 で説明したとおりです。改正民法でも、差押え後に他人から債権を買い取って差押債権者に対抗するような不当なことは許されないので（改正民法 511 条 2 項ただし書）、Y は、この求償権を自働債権とする相殺をすることはできません。

12 契約の成立

1 改正のポイント

(1) 契約の締結および内容の自由の明文化

　契約締結の自由、内容決定の自由は、契約法の基本原理である契約自由の原則を支える重要な柱であることから、改正民法は、これを明文化して「第2章　契約」の冒頭に掲げるとともに、これらの自由も法令の制限に服することを示しました（改正民法521条）。

(2) 契約の成立と方式の明文化

　現行民法には申込みの定義がありませんでしたが、改正民法は、契約の内容を示してその締結を申し入れる意思表示と定義しました。これは当たり前のようにみえますが、たとえば「代金は後日相談するが、この掛け軸を買ってくれ」といっただけでは、契約の内容を示したことにはならないので、「申込み」とはいえない（申込みの誘引にすぎない）ことを明らかにしています。その上で、申込みに対して相手方が承諾したときに契約が成立することを明文化しました（改正民法522条1項）。

　また、契約方式の自由を明文化するとともに、この自由もまた法令の制限に服することを示しました（改正民法522条2項）。

(3) 承諾の期間の定めのある申込みの撤回

　承諾期間の定めのある申込みは撤回できないのが原則です（現行

民法521条1項）。承諾期間中は申込みが撤回されることはないと考えて、検討・準備を進める被申込者の利益を保護する必要があるからです。そうであれば、申込者が撤回もあり得る旨を予告していた場合には撤回を認めることにしても、問題はありません。そこで、改正民法は、原則として撤回できないとした上で、申込者が撤回をする権利を留保したときは、例外になることを明示しました（改正民法523条1項）。

(4)　契約の成立時期──発信主義から到達主義へ

意思表示は、その通知が相手方に到達した時からその効力を生ずるのが原則ですが（到達主義。現行民法97条1項、改正民法も踏襲）、現行民法526条1項は、契約の成立時期について例外的に発信主義をとり、承諾の通知を発した時に契約が成立するとしています。承諾の意思表示自体は到達しなければならないので、これは、承諾が到達した場合に、契約の成立時期だけを承諾の発信時に遡らせるものとみることができます（学説では、到達を停止条件とする説や不到達を解除条件とする説等、諸説がありました）。郵便事情が悪く到達までに長時間を要した時代に、契約を迅速に成立させるためには必要な制度だったわけですが、通信手段が発達した今日では、そのような必要はなくなりました。そこで、改正民法は、契約の成立時期についても、原則である到達主義（改正民法97条1項）によることとし、現行民法526条1項を削除しました。したがって、改正民法下では、承諾の通知が申込者に到達して承諾の効力が生ずると同時に、契約も成立することになり、理解しやすい制度設計になりました。

また、申込みの撤回の通知の延着に関して承諾者に通知義務を課す現行民法527条も削除されました。これは、契約の成立時期について到達主義がとられた以上、現行民法527条が対象とする場面は、

申込みの撤回通知の到達と承諾の到達との先後関係で決めるのが相当と考えられたことによるものです。

　ところで、日本の郵便事情に照らすと、あえて発信主義を維持する必要はないように思われますが、新興国等、郵便事情が不安定な国にいる相手方との間で、日本法を契約準拠法とする国際取引契約を締結するような場合には、契約の成立について発信主義をとる旨を合意しておく必要があるかもしれません（そうしないと、改正民法の到達主義が適用されることになります）。

> 《実務上の注意点》実務上の対応としては、現在行っている継続的取引等の取引基本契約（特に国際取引契約で日本法を契約準拠法とするもの）に定められた個別契約の成立方式を見直し、たとえば、「注文書に対する注文請書を発送した時点で契約成立とみなす」等の条項を新設することが考えられます。

→ Q 12-1　承諾期間の定めのない申込みの成立時期

(5)　承諾の通知の延着の規定の削除

　現行民法 522 条は、承諾期間の定めのある申込みをした申込者に対し、承諾期間経過後に承諾の通知が到達したものの、通常その期間内に到達すべき時に発送されたことを知ることができる場合に、延着通知を発する義務を課し、これを怠ると契約が成立したとみなして、承諾延着のリスクを承諾期間を定めた申込者に負わせていました。しかし、今日の郵便事情の下では、承諾期間内に届くと思われた承諾の通知が延着するようなことは考えにくいので、延着のリスクは承諾者自身に負わせても不合理ではないと考えられます。そこで、改正民法は、現行民法 522 条を削除することとしました。

→ Q 12-2　承諾期間の定めのある申込みに対する承諾の延着

⑹ 承諾期間の定めのない申込み

現行民法524条は、承諾期間の定めのない申込みの撤回について、申込者が承諾の通知を受けるのに相当な期間を経過するまでは撤回することができないとしていましたが、この定めは「隔地者」に対する申込みに限定されていたため、対話者に対する申込みの撤回の可否が明らかではありませんでした。改正民法は、「隔地者に対して」という文言を削除し、この撤回制限が申込み一般に適用されることとした上で、申込者が撤回権を留保した場合は例外であることを明記しました（改正民法525条1項）。

⑺ 対話者間の申込み

改正民法は、承諾期間の定めのない対話者間の申込みは、申込者が撤回権を留保しなくても、対話が継続している間はいつでも撤回することができると定めました（改正民法525条2項）。

また、商法507条が商取引の対話者間において契約の申込みを受けた者が直ちに承諾しなかったときはその申込みはその効力を失うとしているのに準じて、民法上の契約についても対話終了とともに申込みが失効すると考えられていましたが、改正民法は、このルールを明文化し、その対話が継続している間に申込者が承諾の通知を受けなかったときには申込みが効力を失う（ただし、申込者が対話の終了後もその申込みが効力を失わない旨を表示した場合は例外となる）としました（改正民法525条3項）。これに伴い、商法507条は削除されます。

⑻ 経過規定

施行日前に契約の申込みがされた場合におけるその申込みおよび

これに対する承諾については、従前の例によるとされていますので（改正法附則 29 条）、ここまでに述べた契約の成立に関するルールの変更は、施行日以後になされた契約の申込みから適用されることになります。

2　ケーススタディ

Q 12-1　承諾期間の定めのない申込みの成立時期

Q　買主 Y は、売主 X に対して、2 月 1 日、撤回権を留保する旨を付記した、承諾期間の定めのない注文書を郵送し、2 月 3 日、到達した。売主 X は、2 月 10 日、注文請書を普通郵便で発送し、2 月 12 日、買主 Y に到達した。しかし、買主 Y はその前日である 2 月 11 日に、注文書の撤回通知をバイク便で郵送しており、この通知は即日売主 X に到達していた。この場合、売買契約は成立しているか。

A　成立していません。

　現行民法では、契約の成立時期について発信主義をとっていることから、2 月 10 日に売主 X が注文請書を発送した時点で、契約は成立することになります。

　しかし、改正民法は、契約の成立時期についても原則である到達主義をとったので、申込みの撤回の到達と承諾の到達の先後関係により契約の成否が決まります。本問では買主 Y の撤回通知が先に到達しているので、契約は成立していないことになります。

Q 12-2 承諾期間の定めのある申込みに対する承諾の延着

Q 東京都内で小売店を営むXは、3月1日、同じ都内の印刷業者Yが発送した割引料金による営業用封筒の注文書を受け取った。これには、承諾期間を3月15日までとする記載があったが、Xは、3月14日に注文請書を発送した。しかし、Yに届いたのは3月16日だったところ、Yは、14日の消印があることには気付いていたものの他からの注文に追われていたため、Xには延着の連絡もせずに放置した。この場合、XY間の契約は成立しているか。

A 成立していません。

　現行民法522条によると、承諾期間経過後に承諾が到達した場合であっても、通常その期間内に到達すべき時に発送したことを知ることができるときは、申込者は承諾者に対して延着通知を発する義務があり、これを怠った場合には契約が成立したものとみなされます。設問では、東京都内なら翌日には到達する可能性はあるものの、そう決めつけるのも難しく、Yに延着通知を発する義務があるとまではいえないでしょう。したがって、いささか微妙ではあるものの、現行民法下でも、契約が成立したとはいえないと思われます。

　改正民法は、今日の郵便事情の下では承諾の通知が延着する事態は考えにくいことから、延着のリスクは承諾者に負わせてもよいとみて、現行民法522条を削除しました。本問では、承諾期間満了までに注文請書が到達しておらず、承諾期間満了をもって申込みは効力を失うことになりますので、契約は成立していないことになります（改正民法523条2項）。

13　定型約款

1　改正のポイント

(1)　「定型約款」の概念の新設

①　「定型約款」の定義

　改正民法は、定型約款に関して現行民法にはない全く新たなルールを定めることになったため、13では新設された規定の内容について少し詳しめに解説します。

　まず、現行民法は、契約取引に適用される約款に関する規定を置いておらず、約款が契約当事者を拘束する根拠は契約当事者の意思にあると解されてきました。その結果、従前の裁判例は、約款の拘束力を肯定しつつも、契約当事者の不意打ち防止等の観点から約款の拘束力に制限をかけることがあり、約款が契約当事者を拘束するための要件が不明確であるという批判がありました。

　そこで、改正民法は、大量の定型的取引を迅速かつ効率的に行いたい企業側のニーズと顧客の保護の要請を調整しつつ、約款を用いた取引の法的安定性および予測可能性を高めるため、「定型約款」という新たな概念を設けた上で、「定型約款」に対して共通して適用されるルールを定めました（改正民法548条の2から4）。なお、従来約款として取り扱われてきたもので、「定型約款」に該当しないものについては、従来の約款の解釈論が適用されることになります。

　「定型約款」は、次の要件を満たす条項の総体をいうと定義されています（改正民法548条の2本文）。

(ア)	定型取引（(i)ある特定の者が不特定多数の者を相手方として行う取引であって、(ii)その内容の全部または一部が画一的であることがその双方にとって合理的なもの）において、
(イ)	契約の内容とすることを目的としてその特定の者により準備されたもの

② 「定型約款」の各要件の意義

　まず、「定型取引」（要件(ア)）に該当するか否かが「定型約款」に該当するか否かの重要な指標になります。「定型取引」に該当するのは、多数の人々にとって生活上有用性のある財やサービスが平等な基準で提供される取引や、提供される財やサービスの性質や取引態様から、多数の相手方に対して同一の内容で契約を締結することがビジネスモデルとして要請される取引など、一方当事者において契約内容を定めることの合理性が一般的に認められている取引です。ここでは、その取引の客観的態様やその取引に対する一般的な認識等を考慮して、相手方が交渉を行わず一方当事者が準備した契約条項の総体をそのまま受け入れて契約の締結に至ることが合理的であるといえるかが1つの判断基準になります。

　次に、「契約の内容とすることを目的として」（要件(イ)）は、後述(2)のみなし合意により定型約款に記載された条項を契約内容とする目的を有していることを意味します。仮に、契約当事者の一方があらかじめ契約書案を用意していたとしても、その取引においてその契約内容を十分に吟味し、交渉するのが通常である場合には、その契約書案はいわゆるたたき台に過ぎず、お互いが契約の内容を十分に認識することが前提となるため、②「契約の内容とすることを目的として」に該当しません。

③　定型約款の具体例

　「定型約款」に該当し得る約款の具体例としては、銀行預金規定、保険約款、クレジットカード約款、電子商取引約款（ネットショッピング規約、SNS 規約等）、ソフトウェア利用規約などがあります。

　事業者同士の取引であっても、企業が一般に普及しているワープロ用のソフトウェアを購入する場合のソフトウェア利用規約や金融機関との銀行預金規定のように取引の内容が画一的であることが当事者双方にとって合理的であるといえる場合には、「定型約款」に該当します。

　他方で、事業者間における取引基本契約に基づく取引は、相手方の個性に着目したものが少なくなく（要件(ア)(i)不充足）、また契約内容が画一的である理由が単なる交渉力の格差によるものであるときは、契約内容が画一的であることが相手方にとって合理的とはいえず（要件(ア)(ii)不充足）、さらに契約内容を十分に吟味するのが通常である場合には契約の内容とすることを目的としているともいえません（要件(イ)不充足）。したがって、事業者間において利用される取引基本契約の雛型は、「定型約款」のいずれの要件も満たさず、「定型約款」に該当しないことが多いと考えられます。なお、「定型約款」は、基本的に個別交渉が行われず、相手方には定型約款をそのまま受け入れて契約するか、あるいは契約しないかの選択肢しかない場合が想定されていますが、「交渉可能性の有無」そのものによって定型約款への該当性が決まるわけではありません。下請業者と大企業である発注者の間のように、事実上の力関係により当事者間において交渉可能性がない場合であっても、それによって直ちに「定型約款」に該当するわけではないということです。

　また、従業員との労働契約は、相手方の個性に着目して締結されるものであるため（要件(ア)(i)不充足）、労働契約の雛型は「定型約款」

に該当しません。

　さらに、賃貸借契約については、個人のオーナーが管理する小規模な賃貸用建物について、ひな形を利用して賃貸借契約を締結している場合には、そのひな形は「定型約款」には該当しないと考えられますが、複数の大規模な居住用建物を建設した大手の不動産会社が、同一の契約書のひな形を使って多数の賃借人と賃貸借契約を締結している場合には、契約内容を画一的なものとすることにより各種管理コストが低減し、入居者としても契約内容が画一的であることから利益を享受しているものとして、そのひな形が「定型約款」に該当することはあり得ます（筒井健夫＝村松秀樹編著『一問一答 民法（債権関係）改正』（商事法務、2018 年）246 頁）。このように同じ類型の契約であっても、個別の事情によって、そのひな形が「定型約款」に該当し得ることには注意が必要です。

⑵　定型約款によるみなし合意

①　みなし合意の成立要件

　約款が契約当事者を拘束するための要件が不明確であるという従前の批判に応え、改正民法は、次の要件を満たせば、定型約款の個別の条項についても当事者間において合意をしたものとみなす（擬制する）ことを明確にしました（改正民法 548 条の 2 第 1 項）。

(ア)	定型取引を行うことの合意をした者が
(イ)	(i)定型約款を契約の内容とする旨の合意をしたとき、または、(ii)定型約款を準備した者（以下「定型約款準備者」といいます）があらかじめその定型約款を契約の内容とする旨を相手方に表示していたとき

　実務的には、約款の拘束力の根拠を契約当事者の意思に求める考え（契約説）をさらに進め、明示的に定型約款を契約の内容とする旨の合意がなくとも、定型約款準備者があらかじめその旨を表示さえしておけば、定型約款を契約の内容とする旨の合意があったと擬制したところが重要です（要件(イ)(ⅱ)）。

　なお、鉄道やバスのように個々の利用者に利用の都度いちいちこんな表示をすることができない取引については、定型約款準備者が定型約款によって契約の内容が補充されることをあらかじめ公表していれば、当事者が定型約款の個別の条項について合意したものとみなすとの規定を、民法以外の個々の法律の中で整備することとされています（たとえば、民法の一部を改正する法律の施行に伴う関係法律の整備等に関する法律（以下「整備法」といいます）303 条による鉄道営業法 18 条ノ 2 の新設、整備法 304 条による軌道法 27 条ノ 2 の新設、整備法 309 条による海上運送法 32 条の 2 の新設、整備法 310 条による道路運送法 87 条の改正、整備法 320 条による航空法 134 条の 3 の新設など）。

②　みなし合意の各成立要件の意義

　「定型取引を行うことの合意」（要件(ア)）は、定型約款全体の内容を了解している必要はなく、単に取引を行うことの合意（たとえば、どの店でどのような商品をいくらで購入するといった合意）があれば足りるとされています。

　「定型約款を契約の内容とする旨の合意をしたとき」（要件(イ)(ⅰ)）には、契約当事者が書面によって定型約款を契約の内容とすることに合意した場合のほか、面談、インターネット等を通じて定型約款を契約の内容とすることに合意した場合も含まれます。たとえば、契約当事者にウェブサイト上で定型約款を契約内容とすることに同意する旨のボタンをクリックしてもらうことで、定型約款を契約の

内容とすることに合意したものと取り扱っても差し支えないと考えられます。

「定型約款準備者があらかじめその定型約款を契約の内容とする旨を相手方に表示していたとき」（要件(イ)(ii)）には、定型約款準備者が相手方に定型約款を契約の内容とする旨を記載した書面や電磁的記録を提示・交付した場合などが含まれます。もっとも、「表示」の方法については明確なルールが定められていないため、定型約款準備者が相手方との面談やインターネットを通じたやりとりを行わず、定型約款を契約の内容とする旨を記載した書面や電磁的記録を直接提示・交付できない場合において、ウェブサイト上でどのような表示をしておけば「相手方に表示していた」といえるかが問題となります。具体的には、自社商品・サービスを提供する企業の EC サイトにおいて、消費者が商品・サービスの提供を受けるような場合が想定されます。この点、EC サイトにおいて、定型約款を契約の内容とする旨を記載したウェブページが表示されないと契約締結（定型取引の合意）の画面に進めないことになっている場合には、「相手方に表示していた」といえると考えられます。他方で、単にウェブサイトにおいて、一般的に定型約款を契約の内容とする旨を公表しているだけであり定型約款を契約の内容とする旨を記載したウェブページが表示されなくても契約締結（定型取引の合意）の画面に進める場合には、「相手方に表示していたとき」に該当しないと判断されることになります。

→ Q 13-1 定型約款のみなし合意と不当条項

(3) 定型約款における不当条項規制

① 不当条項規制の成立要件
従前の裁判例には、契約当事者の不意打ち防止等の観点から、当

事者の合理的意思解釈などの手法を駆使して不適切な内容の条項が当事者を拘束しないとの結論を導くものや、特定の条項の内容を検討した上で、契約書に署名押印したことのみではその条項について合意があったとは認めず、その条項についての合意が明確であることを要するとするものがありました。

　改正民法は、定型約款中の不当条項を、上記(2)の合意擬制の対象から除くこととし、次の要件を満たす個別の条項は、当事者間において合意しなかったものとみなすと定めました（改正民法548条の2第2項）。要件は消費者契約法10条とほぼ同様ですが、契約の内容とした上で無効とするのではなく、そもそも契約に組み込まれないとしたところが、異なるところです。

| (ア) | 相手方の権利を制限し、または相手方の義務を加重する条項であって、 |
| (イ) | その定型取引の態様およびその実情ならびに取引上の社会通念に照らして信義則に反して相手方の利益を一方的に害すると認められるもの |

　消費者契約法10条に基づく不当条項規制が消費者と事業者との間で締結される契約にのみ適用されるものであるのに対して、改正民法548条の2第2項に基づく不当条項規制は事業者と事業者の間の取引にも適用されることになるため、実務的には事業者間の取引において注意が必要です。

《実務上の注意点》とりわけ、対事業者で定型約款を使用する定型約款準備者においては、任意規定、判例等によって確立しているルール等と比較して相手方の権利を制限しまたは義務を加重している条項（たとえば、損害賠償責任の免除条項、損害賠償の予定条項など）が自

身の準備した定型約款に存在しないかについて、全体的にチェックし、場合によっては定型約款の見直しを検討する必要があると思われます。

　なお、不当性の判断においては、個別の相手方ごとに諸事情が考慮されるため、特定の相手方との関係でのみ不当な条項として合意しなかったものとみなされることもあり得る（筒井健夫＝村松秀樹編著『一問一答　民法（債権関係）改正』（商事法務、2018年）252頁（注1））ので注意が必要です。

②　不当条項規制の各成立要件の意義

　「相手方の権利を制限し、または相手方の義務を加重する条項」（要件㋐）に該当するか否かは、明文の任意規定のみならず、判例等によって確立しているルール、信義則等の一般条項、明文のない基本法理等を適用した場合と比較して、その条項が相手方の権利を制限しまたは義務を加重しているか否かという観点から判断することになります。

　「信義則に反して相手方の利益を一方的に害する」と認められるか否かは、「その定型取引の態様およびその実情ならびに取引上の社会通念に照らして」判断することになる（要件㋑）ので、問題となる条項だけでなく、取引全体にかかわる事情を取引通念に照らして広く考慮することとなります。たとえば、ある特定の契約条項が相手方にとって不利益なものであっても、取引全体を見ればその不利益を補うような定めがあるのであれば、全体としては信義則に違反しないと判断されることになります。

③　不意打ち条項規制としての機能

　法案の検討過程では、相手方が約款中に含まれていると合理的に予測できない条項（不意打ち条項）は契約の内容とならないとすることも議論されていました。改正民法は、この不意打ち条項規制を明

記することは見送ったものの、上記②のとおり「定型取引の態様」を不当条項に当たるか否かの考慮要素としているので、相手方にとって予測し難い条項が置かれ、かつその条項が相手方に重大な不利益を課すものである場合には、その内容を容易に知り得る措置を講じなければ、信義則に反すると判断される蓋然性が高いと思われます。

→ Q 13-1　定型約款のみなし合意と不当条項

(4)　定型約款の表示義務

　改正民法は、定型約款準備者は、定型取引合意の前または定型取引合意の後相当の期間内に相手方から請求があった場合には、原則として、遅滞なく相当な方法でその定型約款の内容を示さなければならないと定めました（改正民法548条の3第1項本文）。

　「相当な方法」としては、定型約款を記載した書面を現実に交付するほか、定型約款が掲載されているウェブサイトを案内することでも足ります。

　もっとも、相手方がインターネットで閲覧することができないと述べているのに、ウェブサイトに定型約款を掲載しているとだけ答えてそれ以上に対応しない場合には、契約の内容や相手方の属性によっては表示義務を履行しなかったと評価される可能性がある（筒井健夫＝村松秀樹編著『一問一答 民法（債権関係）改正』（商事法務、2018年）255頁（注1））ので注意が必要です。

《実務上の注意点》定型約款を用いる企業としては、顧客から定型約款の表示を求められた場合に、定型約款が掲載されているウェブサイトを案内する、定型約款が記載された書面をメール送信または郵送するなどして遅滞なく定型約款表示義務を履行できる体制を構築しておく必要があります。

ただし、定型約款準備者が既に相手方に対して定型約款を記載した書面を交付し、またはこれを記録した電磁的記録（CD-ROM の交付やメールによる PDF ファイルの送信等）を提供していたときは、定型約款の表示義務を負いません（改正民法 548 条の 3 第 1 項ただし書）。

　定型約款準備者が、正当な事由なく定型約款の内容の表示請求を拒んだ場合には、改正民法 548 条の 2 第 1 項の適用を受けられず、定型約款の個別条項についてのみなし合意が成立しないことになります（改正民法 548 条の 3 第 2 項）。

《実務上の注意点》なお、開示の請求を受けたのにうっかり放置して対応が遅れたりすると、場合によっては開示を拒んでいるとみられることにもなりかねないので、そのようなことのないよう、社内の体制整備も含めて留意しておく必要があります。

(5)　定型約款の変更の要件

①　約款変更のルールの明確化

　電気・ガス、保険、のように契約関係が長期にわたる取引では、契約時の定型約款の内容を変更する必要が生じることがありますが、その場合に契約相手全員の個別の同意を得なければならないとすると、約款の変更は事実上不可能になります。かといって、事業者の一存で勝手に変更できるとしたのでは、多数の契約相手の利益が損なわれることにもなるでしょう。現行民法には、この点について明確なルールが存在しないため、事業者が行う定型約款の変更が事後的に無効とされる可能性を否定できませんでした。

　そこで、改正民法は、そのルールを新たに明文化しました。

②　定型約款の変更の実体的要件

改正民法は、定型約款準備者は、次のいずれかの要件を満たす場

合には、定型約款の変更により、変更後の定型約款の個別条項について合意があったものとみなし、個別に相手方と合意をすることなく、契約の内容を変更することができることとしました（改正民法548条の4第1項）。

| (ア) | 定型約款の変更が、相手方の一般の利益に適合するとき（利益変更） |
| (イ) | 定型約款の変更が、契約をした目的に反せず、かつ、変更の必要性、変更後の内容の相当性、この条により定型約款の変更をすることがある旨の定めの有無およびその内容その他の変更に係る事情に照らして合理的なものであるとき（不利益変更） |

　実務上重要なのは、定型約款の変更が、（相手方の一般の利益に適合する場合（要件(ア)）はもとより、）相手方の一般の利益に適合しない場合でも、契約をした目的に反せず、かつ、変更に係る事情に照らして合理的なものであるときは（要件(イ)）、許容されることです。

　「相手方の一般の利益に適合するとき」（要件(ア)）の具体例としては、継続的に提供するサービスのサービス利用料を減額する場合、相手方の追加負担なく継続的に提供するサービスの内容を拡充する場合などが考えられます。

　定型約款の変更が契約をした目的に反しないかどうか（要件(イ)）は、一方当事者の主観的な意図ではなく、両当事者で共有された当該契約の目的を基準に判断します。

　要件(イ)の合理性の判断に当たっては、個別の同意を得ようとすることにどの程度の困難を伴うか（変更の必要性）、定型約款の中にいわゆる変更条項が置かれているか、その内容が変更の要件や手続を具体的に定めた適切なものか、変更によって相手方が受ける不利益

の程度や性質、そのような不利益を軽減させる措置が講じられているか（たとえば、変更後の契約内容に拘束されることを望まない相手方に解除権を与える、変更の効力が発生するまでに猶予期間を設ける等の措置が講じられているか）などの事情が考慮されます。

《実務上の注意点》最後の変更条項については、これがなければ定型約款の変更は一切認められないというものではありませんが、定型約款を変更する必要が生じ得る事業主は、定型約款の中に、変更の対象、要件、手続等を具体的に書き込んだ変更条項を置くのが望ましいといえるでしょう。

　なお、改正民法548条の2第2項に基づく不当条項規制は、定型約款の変更の場合には適用しないこととされています（改正民法548条の4第4項）。これは、定型約款の変更では、上記要件(イ)の合理性の判断において、積極的に合理的であるといえなければ変更後の条項は当事者を拘束しないとされているのに対して、不当条項規制では、条項の不合理性が著しく、諸事情を考慮して信義則に反して相手方の利益を一方的に害する場合にだけ、当該条項は当事者を拘束しないとされていることから分かるように、定型約款準備者にとっては、上記要件(イ)の方が不当条項規制よりも厳格であるためです。したがって、不当条項規制が適用されないからといって、定型約款の変更において、不当条項に当たるような契約条項を設けることができるというわけではありません。

③　定型約款の変更の手続的要件

　改正民法は、相手方の個別の同意を得ない定型約款の変更に当たり、定型約款準備者が、上記の実体的要件の充足に加えて、次の手続を経なければならないこととしました（改正民法548条の4第2項）。

(ア)	定型約款の変更の効力発生時期を定めること
(イ)	定型約款を変更する旨および変更後の定型約款の内容ならびにその効力発生時期をインターネットの利用その他の適切な方法により周知すること

《実務上の注意点》利益変更（上記②(ア)）の場合でも、不利益変更（上記②(イ)）の場合でもこの手続は必要ですが、とりわけ、不利益変更（上記②(イ)）の場合には、手続(ア)で定めた効力発生時期が到来するまでに手続(イ)の周知をしなければ、定型約款の変更の効力が生じないものとされているので、注意が必要です（改正民法548条の4第3項）。

　また、約款の変更の都度その通知を行わなければならないとすると煩瑣になり事務的な負担が大きいことから、周知の方法についてはルールが設けられていません。したがって、相手方の権利義務に関する重要な変更については個別に通知するものとしつつ、相手方の不利益がそれほど大きいとはいえない変更については、たとえばウェブサイトに変更の通知とその内容を掲載して相手方が確認する機会を設けるにとどめることも許容されます。

→ Q 13-2 定型約款の変更

(6) 経過措置

　以上の548条の2から548条の4までの規定は、改正民法の施行日前に締結された定型取引に係る契約にも適用されます（改正法附則33条1項）。ただし、当事者の一方が書面または電磁的記録によって反対の意思を表示した場合には、適用されません（同条2項）。

《実務上の注意点》改正民法の施行日前に定型約款に基づいて締結された契約の個別条項についても、（当事者の一方が書面等で反対の意思を表示しない限り）改正民法548条の2第2項の不当条項規制に

2　ケーススタディ

Q 13-1　定型約款のみなし合意と不当条項

Q　X 社の担当者は、会社の備品として代表取締役 Z 専用の椅子を
購入するためにオフィス備品の販売店である Y 社が運営する EC
サイトで購入手続をとった。Y 社の EC サイトでは、ウェブペー
ジの下方に Y 社の利用規約へのリンクが設けられているものの、
売買契約の決済ボタンを押す前に、Y 社の利用規約が適用される
旨が表示されることはなく、担当者は Y 社の利用規約を見ずに決
済ボタンを押して椅子を購入した。後日 X 社に椅子が配達され、
Z が使用していたところ、椅子の支柱が折れたため Z が転倒し 2
か月の入院を要する大腿骨骨折等の傷害を負った。X 社が Y 社に
対してクレームをつけたところ、Y 社は、新しい椅子との交換に
は応じたものの、Y 社の利用規約には、「請求があれば必要に応じ
てオフィス備品の交換・修理には応じるが、損害賠償責任は一切
負わない」旨の免責条項が定められていると主張し、Z の治療費、
Z が休んだことにより X に生じた営業損害等の損害の賠償を拒ん
でいる。

　免責条項があることを理由とする Y 社の免責の主張は認めら
れるか。

A　改正民法 548 条の 2 第 1 項のみなし合意の成否と第 2 項の不当
条項該当性の有無が問題になります。

《① みなし合意》

　まず、X社とY社の間のオンラインショッピング取引にY社の利用規約の個別の条項が適用されるかですが、改正民法は、定型約款について、次の要件を満たせば、定型約款の個別の条項についても当事者間において合意をしたものとみなす（擬制する）こととしています（改正民法548条の2第1項）。

(ア)	定型取引を行うことの合意をした者が
(イ)	(ⅰ)定型約款を契約の内容とする旨の合意をしたとき、または、(ⅱ)定型約款を準備した者（以下「定型約款準備者」といいます）があらかじめその定型約款を契約の内容とする旨を相手方に表示していたとき

　X社とY社は、Y社のECサイトにおいて定型取引（オンラインショッピング）を行うことの合意をしていますが（要件(ア)）、「定型約款を契約の内容とする旨の合意」（要件(イ)(ⅰ)）はしていないので、X社が「あらかじめその定型約款を契約の内容とする旨を相手方に表示していた」（要件(イ)(ⅱ)）といえなければ、みなし合意の効果を受けることができません。

　この点、定型約款準備者が相手方と面談やインターネットを通じたやりとりをしない取引では、ウェブサイト上、定型約款を契約の内容とする旨を記載したウェブページが表示されなければ、契約締結（定型取引の合意）の画面に進めないようになっている場合には、「相手方に表示していた」といえると考えられますが、定型約款を契約の内容とする旨を記載したウェブページが表示されなくても契約締結（定型取引の合意）の画面に進める場合には、「相手方に表示していた」とはいえないと判断されることになります。

Y社のECサイトでは、ウェブページの下方にY社の利用規約へのリンクが設けられているものの、Y社の利用規約を契約の内容とする旨を記載したウェブページが表示されなくても決済の画面に進めることになっていることから、「相手方に表示していた」とはいい難く、したがって、みなし合意は成立しないと判断されることになります。

《② 不当条項規制》

　仮にウェブサイト上、定型約款を契約の内容とする旨を記録したウェブページが表示されなければ契約締結の画面に進めないようになっていた場合には、Y社の利用規約についてみなし合意が成立しますが、次に、Y社が主張する免責条項が不当条項規制によって排除されないかを検討する必要があります。

　すなわち、改正民法は、次の要件を満たす個別の条項について、当事者間において合意しなかったものとみなすこととしています（改正民法548条の2第2項）。

(ア)	相手方の権利を制限し、または相手方の義務を加重する条項であって、
(イ)	その定型取引の態様およびその実情ならびに取引上の社会通念に照らして信義則に反して相手方の利益を一方的に害すると認められるもの

　Y社が主張する免責条項は、「相手方の権利を制限する条項」（要件(ア)）に当たるところ、「信義則に反して相手方の利益を一方的に害すると認められる」（要件(イ)）かが問題となります。

　Y社の免責条項は、クレームには一切応じないというわけではなく、オフィス備品の交換・修理には応じるが、損害賠償請求に

は応じないというものなので、「定型取引の態様およびその実情ならびに取引上の社会通念に照らして」どう判断されるかは、オフィス備品販売業界の商慣行いかんにもかかわり、いささか微妙かもしれませんが、椅子の支柱が折れるという基本的な構造上の欠陥によるものなのに、一切の損害賠償責任を負わないというのは、「信義則に反して相手方の利益を一方的に害する」と認められる可能性が高いように思われます。

《③　まとめ》

　以上のとおり、そもそもY社の免責条項を含む利用規約全体についてみなし合意は成立しないと判断される可能性が高く、仮にみなし合意が成立している場合であっても、この免責条項は、不当条項規制により利用規約から排除される可能性が高いので、免責条項の存在を理由に、Y社が免責される可能性は低いと思われます。

Q 13-2　定型約款の変更

Q　札幌に本社を置くA社は、運営するECサイトにおいて、定型約款であるA社の利用規約を契約の内容とする旨を表示して、主として北海道在住の顧客を相手に介護用品等を継続的に販売してきたが、オンラインショッピング事業が全国規模に拡大したことから、同事業を統括する事務所を東京に設置し、顧客からの訴訟への対応も、もっぱら同事務所で行うこととした。

　そこで、A社は、2021年1月1日を効力発生日として、利用規約中に東京地方裁判所を顧客との紛争を解決するための専属的合意管轄裁判所とする旨の条項を新設すること、これに同意できない顧客は契約を解除することができることを、ECサイト上で告知した。A社が利用規約中に新設した専属的合意管轄規定は、上

記効力発生日以降は、既存の北海道在住の顧客も拘束することに
なるか。

A A社が新設した専属的合意管轄規定は、既存の北海道在住の顧客も拘束する可能性が高いと思われます。

《① 定型約款の変更の実体的要件》

　改正民法は、定型約款準備者が、次のいずれかの要件を満たす場合には、定型約款の変更により、変更後の定型約款の個別条項について合意があったものとみなし、個別に相手方と合意をすることなく、契約の内容を変更できるものとしています（改正民法548条の4第1項）。

㈦	定型約款の変更が、相手方の一般の利益に適合するとき（利益変更）
㈧	定型約款の変更が、契約をした目的に反せず、かつ、変更の必要性、変更後の内容の相当性、この条により定型約款の変更をすることがある旨の定めの有無およびその内容その他の変更に係る事情に照らして合理的なものであるとき（不利益変更）

　専属的合意管轄裁判所を東京地方裁判所にするのは、既存の北海道在住の顧客にとっては不利益変更になりますが、これは、介護用品等の継続的販売という契約の目的に反するものではなく、かつ、A社のオンラインショッピング事業を統括する事務所を東京に設置することに伴うものですから、「変更の必要性」があり、同意できない顧客には契約からの離脱も可能としているので、「変更後の内容の相当性」も認められると思われます。

　したがって、利用規約に具体的な変更条項があれば、より確実

だったでしょうが、Ａ社による定型約款の変更には、上記(イ)の合理性が認められる可能性が高いと思われます。

《②　定型約款の変更の手続的要件》

改正民法は、相手方の個別の同意を得ない定型約款の変更に当たり、定型約款準備者は、上記の実体的要件の充足に加えて、次の手続を経なければならないものとしています（改正民法548条の4第2項）。

(ア)	定型約款の変更の効力発生時期を定めること
(イ)	定型約款を変更する旨および変更後の定型約款の内容ならびにその効力発生時期をインターネットの利用その他の適切な方法により周知すること

不利益変更（上記①(イ)）の場合、手続(ア)で定めた効力発生時期が到来するまでに手続(イ)の周知をしなければ、定型約款の変更の効力が生じないものとされていますが（改正民法548条の4第3項）、Ａ社は効力発生日を定めた上で、ECサイト上で告知しています。これが「適切な方法」といえるかは、一応問題になり得ますが、専属的合意管轄裁判所を東京地方裁判所にすることは、継続的に介護用品の供給を受け、適切な代金を支払うという、顧客の権利義務の本質を左右する重要な変更とはいえないでしょうから、個別の通知までは要求されず、ECサイト上で告知をすれば足りると考えられます。

《③　まとめ》

以上のとおり、Ａ社の利用規約の改定は、改正民法548条の4の実体的要件および手続的要件を、一応クリアしていると考えら

れ、Ａ社が新設した専属的合意管轄規定は、既存の北海道在住の
顧客も拘束するものと判断される可能性が高いと思われます。

14 贈 与

1 改正のポイント

(1) 贈与契約の意義

　現行民法は、贈与の目的物を「自己の財産」と規定しているため、他人物贈与は有効に成立しないようにも読めました（現行民法549条）。改正民法は、「自己の」という文言を削除することにより、他人物贈与も有効に成立するという判例法理を明文化しました（改正民法549条）。

(2) 贈与者の引渡義務等

　現行民法は、贈与者は原則として瑕疵担保責任を負わないとしつつ、贈与者が瑕疵または欠陥を知って受贈者に告げなかったときはこの限りではないとしています（現行民法551条1項）。しかし、無償でやる物の不具合をいちいち伝えなければならないというのは面倒だし、当事者の通常の意思にも沿わないと思われます。そこで、改正民法は、これを全面的に改め、贈与者は、贈与の目的物を特定した時の状態で、引渡しまたは移転を行うことを約したものと推定する旨の規定を新設しました（改正民法551条1項）。

→ Q 14 -1 贈与者の引渡義務

(3) 経過規定

　施行日前に贈与契約が締結された場合におけるその契約について

は、従前の例によるとされていますので（改正法附則34条）、ここまでに述べた贈与契約に関するルールの変更は、施行日以後に締結された贈与契約から適用されることになります。

2　ケーススタディ

Q 14-1 贈与者の引渡義務

Q　Yが友人Xから贈与を受けた置き時計のアラーム機能を使用したところ、アラーム音が鳴らなかった。Xは、アラーム音が鳴らないことを知っていたものの、Yには伝えていなかった。YはXに対して修補請求ができるか。

A　原則としてできません。

　現行民法では、贈与者であるXが音が鳴らないことを知りながらそれを告げなかった場合には瑕疵担保責任を負うことになりますが（現行民法551条ただし書）、改正民法は、贈与者が目的物を特定した時の状態で引き渡し、または移転することを約したものと推定していますので（改正民法551条）、この推定が覆されない限り、Xは、置き時計を現状のままで引き渡せば足り、アラーム音が出ないことを告げなくても、修補請求に応じる必要はありません。

⑮　売　買

1　改正のポイント

(1)　手　付

　手付解除について、改正民法 557 条は、「買主が売主に手付を交付したときは、買主はその手付を放棄し、売主はその倍額を現実に提供して、契約の解除をすることができる。ただし、その相手方が契約の履行に着手した後は、この限りでない」と規定しました。これは、現行民法 557 条中、以下の 3 点を改めたものです。

　第 1 は、売主から手付解除をするには、倍額の償還を要するとしていたのを、倍額を現実に提供すれば足りるとしたことです。「償還」という文言からすると、買主が倍額の受領を拒んだ場合には供託までしなければならないように読めますが、判例、通説は、そこまでの必要はないと解していました。この判例・通説のルールを明文化したものです。

　第 2 に、「当事者の一方」が契約の履行に着手するまでは手付解除をすることができるとしていたのを、「その相手方」に改めました。「当事者の一方」とすると、履行に着手した当事者自身が手付解除をしたいと思ってもできないように読めますが、判例は、自ら履行に着手していても、相手方が履行に着手していなければ手付解除は妨げられないとしていました。この判例法理を明文化したものです。

　第 3 は、履行の着手に関する定めをただし書にして、履行の着手があったことの主張立証責任は手付解除を争う相手方にあることを

明確にしたことです。

　いずれも、現行民法下の合理的な解釈を明文化したもので、実務的な影響は特段ありませんが、改正民法が細部にも配慮していることがうかがえます。宅地建物取引業者が手付を受領した場合における当事者の手付解除について定める宅地建物取引業法 39 条 2 項も、本改正に沿って改正される予定です。

(2)　売主の義務

①　対抗要件具備義務

　現行民法には規定がありませんが、判例・通説は、売主は、買主のために、その対抗要件を備えてやらなければならないと解しており、取引実務でも、そのような理解が一般的でした。改正民法は、この理を明文化しています（改正民法 560 条）。

②　権利移転義務

　他人物売買の場合に、売主が権利を取得して買主に移転する義務を負う旨を定める現行民法 560 条を維持し、移転すべき権利の全部が他人に属する場合（現行民法 561 条参照）だけではなく、一部が他人に属する場合（現行民法 563 条 1 項参照）をも適用場面とすることを括弧書きで明らかにしました（改正民法 561 条）。

(3)　売主の担保責任

　中古住宅を買って住んでみたら、雨漏りがする欠陥住宅であることがわかったとします。伝統的な見解は、特定物の売買では、売主は、契約で定められたその物を給付する債務を負うだけだから、その物を引き渡せば履行が完了し、債務不履行の問題は生じない、ただ、それでは不都合なので、民法は担保責任の規定を設けた、だか

ら、担保責任は法が特別に定めた責任であると説明してきました（法定責任説）。現行民法 483 条が、特定物の引渡しについて「その引渡しをすべき時の現状でその物を引き渡さなければならない」と定めていることも、その根拠に挙げています。しかし、雨漏りがするような家を引き渡しておきながら、債務不履行はないというのは、一般人の感覚、さらには社会通念に反するのではないか、こう考える論者は、特定物の売買なのだからその物を引き渡せば完全な履行になるという考え方を「特定物ドグマ」と呼んで、伝統的な見解を強く批判し、目的物が当然備えるべき品質を備えていること（家の例でいえば、雨漏り等のない普通に生活できる家であること）も契約の内容の一部なのだから、それに適合しない物を引き渡すことは債務不履行になる、つまり、担保責任も契約責任（債務不履行責任）の一態様であると主張しました（契約責任説）。法定責任説によれば、担保責任の対象となる物は特定物に限り、損害賠償の範囲も信頼利益に限られますが、契約責任説によれば、担保責任は債務不履行責任なのだから、対象物に限定はなく、損害賠償の範囲も履行利益を含みます。実務は、法定責任説を基本とする立場に基づき運用されているといわれていましたが、学説は、契約責任説が大勢を占めるようになり、現在では通説とされています。

　改正民法は、契約責任説を採用し、担保責任に関する条項を全面的に改めました。法定責任説の根拠の 1 つになっていた現行民法 483 条も、特定物の引渡しは、「契約その他の債権の発生原因及び取引上の社会通念に照らしてその引渡しをすべき時の品質を定めることができないときは……その引渡しをすべき時の現状で引き渡さなければならない。」と改め（改正民法 483 条）、特定物ドグマを否定しています。

　詳細は①以下のとおりですが、現行民法との大きな違いは、買主

には、特定物であるか不特定物であるかを問わず、追完請求権・代金減額請求権が認められ、これに加えて、民法の一般ルールによる損害賠償請求権・解除権が認められたことです。

①　契約不適合

現行民法の担保責任の規定（現行民法560条から572条まで）の中核となる570条は、売買の目的物に「隠れた瑕疵」があったときは、566条により解除または損害賠償請求ができるとしています。

これに対し、改正民法は、「瑕疵」に代えて、引き渡された物の種類、品質もしくは数量または移転した権利が「契約の内容に適合しない」という判断基準を導入しました。また、この「契約の内容」を確定する際に、買主側が不適合性を認識できたか否かも当然に問われることになるため、瑕疵があることについての買主の善意・無過失を意味するとされていた「隠れた」という要件も外しています。

もっとも、裁判実務では、これまでも、契約内容を考慮に入れて「瑕疵」といえるかを判断していたので、判断基準が「瑕疵」から「契約不適合」に代わっても、実質的な違いは生じないと思われますが、今後の裁判例の動向には注意が必要です。

②　買主の追完請求権（改正民法562条）

特定物ドグマを否定し、契約責任説を採用した結果、改正民法は、特定物、不特定物の別なく、買主に追完請求権を認めました。すなわち、引き渡された目的物が、種類、品質または数量に関して契約の内容に適合しないものであるときは、買主は売主に対し、目的物の修補、代替物の引渡しまたは不足分の引渡しによる履行の追完を請求することができます。複数の追完手段が考えられる場合（修補か、交換か等）には、原則として買主の選択する追完方法により、買

主に不相当な負担を課すものでないときは売主の提供する追完方法によることも可能としています（改正民法 562 条 1 項）。なお、買主に帰責事由がある場合には追完請求はできません（同条 2 項）。

《実務上の注意点》改正民法 562 条 1 項ただし書に定める「買主に不相当な負担を課す」とはどのような場合を指すのかが争われる可能性があるため、契約上、合理的な追完方法に限定することを定めておくことが望ましいでしょう。

→ Q 15-1 買主の追完請求権

③ 買主の代金減額請求権（改正民法 563 条）

現行民法は、数量不足の場合にのみ代金減額請求を認めていましたが、改正民法は、数量不足以外の契約不適合の場合にも、不適合の割合に応じて代金減額請求権を認めました。

そして、代金減額請求には売買契約の一部解除と同様の機能があるので、その行使要件は、解除の場合と平仄を合わせ相当期間の追完の催告が必要であること（改正民法 563 条 1 項）、一定の場合には催告も不要であること（同 2 項）、買主の帰責事由がある場合には権利行使できないこと（同 3 項）とし、売主に帰責事由があることは要件にはしていません（したがって、売主は、自身に免責事由があると主張して代金減額請求を拒むことはできません。この点は、次の損害賠償請求とは異なるところです）。

→ Q 15-2 買主の代金減額請求権

④ 買主の損害賠償請求および解除権（改正民法 564 条、415 条、541 条、542 条）

現行民法は、担保責任に特有のルールとして、損害賠償と解除に関する定めを置いていました。改正民法は、契約責任説（債務不履行

責任説）をとった当然の帰結として、買主には、（上記の追完請求権・代金減額請求権に加えて）債務不履行の一般ルールに基づく損害賠償請求・解除権があることを明らかにしました（改正民法564条）。したがって、損害賠償については、特定物であっても履行利益を含む賠償が可能になる反面、売主に免責事由があるとき（契約不適合が、「契約及び取引上の社会通念に照らして」売主の責めに帰することができない事由によるものであるとき）は、認められません（改正民法415条、416条）。解除については、催告解除もでき、催告解除、無催告解除を通じて売主の帰責事由は不要ということになります（改正民法541条、542条）（本書35頁以下参照）。

→ Q 15-3 買主の損害賠償請求権および解除権

⑤　権利移転における売主の担保責任（改正民法565条）

　改正民法は、権利の売買の場合でも、物の売買と同様に、売主は、契約の内容に適合した権利を移転すべき義務を負うことを前提に、売主が移転した権利が契約に適合しない場合には、買主は、追完請求・代金減額請求ができ、債務不履行の一般ルールに基づく損害賠償請求・解除もできることを明文化しています（改正民法565条）。

(4)　目的物の種類または品質に関する担保責任の期間の制限

　改正民法は、目的物の種類または品質に契約不適合があった場合、買主は、不適合を知った時から1年以内にその旨を売主に通知しないと、その不適合を理由とする追完請求権、代金減額請求権、損害賠償請求権、解除権を失うこととしました（改正民法566条本文）。これは、1年以内にその権利を行使しないと失権するとしている現行民法564条を改めて、不適合の事実を通知すれば足りるとしたもの

で、買主の負担を軽減したものです。なお、この通知は単に契約との不適合がある旨を抽象的に伝えるのみでは足りず、細目にわたるまでの必要はないものの、不適合の内容を把握することが可能な程度に、不適合の種類・範囲を伝えることを想定しています（筒井健夫＝村松秀樹編著『一問一答 民法（債権関係）改正』（商事法務、2018 年）285 頁）。もっとも、悪意または重過失の売主に対しては、この通知を怠っても失権することはありません（改正民法 566 条ただし書）。

　この通知によって保存された追完請求権等は、改正民法 166 条 1 項の消滅時効（主観的起算点（不適合を知った時）から 5 年、客観的起算点（引渡時）から 10 年）が完成するまでは行使することができます。なお、数量に関する契約不適合と権利に関する契約不適合については、改正民法 566 条の適用はないので、この場合の追完請求権等も、改正民法 166 条 1 項の消滅時効期間内は行使できることになります。

《実務上の注意点》ちなみに、現行民法では、不特定物売買の場合には期間制限の規定の適用はありませんでしたが、改正民法では、不特定物・特定物を問わず、担保責任の期間制限が適用され、1 年以内に不適合の通知をしておく必要があることになるので、注意を要します。

　なお、商事売買の買主による目的物の検査および通知について定めた商法 526 条も本改正に伴い改正され、「瑕疵」を不適合に代える等の整理がされる予定です。

→ Q ⒖-4 買主の権利制限期間

(5) 権利を取得することができない等のおそれがある場合の買主による代金の支払の拒絶

現行民法 576 条の買主の代金支払拒絶権については、目的物に用益物権があると主張する第三者が存在する場合のほか、債権売買において債務者が目的物である債権の存在を否定した場合にも類推適

用されると解されていましたので、改正民法では、これらの場合にも代金拒絶権が認められることを示す趣旨で「売買の目的について権利を主張する者があること」のほか「その他の事由により」との文言を追加しました。「その他の事由」の文言が示すとおり、「権利を主張する者があること」は1つの例示であり、これと同等の事由がある場合を含むものです。また、「おそれがある」とは客観的に合理的な根拠を要する趣旨であり、単なる主観的な危惧感によって代金支払拒絶を肯定する趣旨ではありません。また、現行民法でも、買主が既に取得した権利を失うおそれがある場合だけではなく、買主が権利を取得することができないおそれがある場合にも適用があると解されていましたので、この点も明文化されました（改正民法576条）。

(6)　目的物の滅失等についての危険の移転

　現行民法の下でも、実務では、目的物の実質的な支配が債務者から債権者に移転した時に目的物の滅失・損傷に関する危険（すなわち、損害賠償請求等の救済手段を封じられるリスク）も債権者（買主）に移転する旨を合意することが一般的です。改正民法は、この取引実務の実情を踏まえて、売買の目的として特定した物を売主が買主に引き渡した時に目的物の滅失・損傷に関する危険が移転することを明らかにしました（改正民法567条1項）。

　また、改正民法は、受領遅滞の責任の内容を明らかにしていますが（改正民法413条・413条の2。本書27頁以下参照）、その1つとして、売買を始めとする有償契約においては、目的物の滅失・損傷に関する危険が買主に移転することを明らかにしました（改正民法567条2項）。

→ Q 15-5 目的物の滅失等についての危険の移転

(7) 買戻しの特約

現行民法は、買戻しの特約において売主が返還すべき金額は、「買主が支払った金額・契約の費用」と規定していましたが、改正民法は、これを任意規定に変更し、合意によって異なる金額にすることも可能としました（改正民法579条）。

(8) 経過規定

施行日前に売買契約が締結された場合におけるその契約および付随する買戻しその他の特約については、従前の例によるとされています（改正法附則34条）。また、施行日前に締結された契約に係る危険負担については、従前の例によるとされています（改正法附則30条）。

2 ケーススタディ

Q 15-1 買主の追完請求権

Q 買主 Y は売主 X から自動車を 300 万円で購入し、納車時にカーラジオを作動したところ、音が出ないことに気付いた。買主 Y は売主 X に対して、車全体を交換するよう要請したが、売主 X は、ラジオ部分を取り換える方法で対応したいと考えている。

　① 新車であった場合、売主 X の対応は認められるか。

　② 中古車であった場合はどうか。

　③ 買主 Y がラジオ部分の取り換えではなく、売買契約を解除して代金返還を要請した場合、買主 Y の解除は認められるか。

A 《①について》：売主 X のラジオ部分の取り換え対応は認められ

る可能性が高いです。

　改正民法では、複数の追完手段による対応が考えられる場合には、原則として買主の選択する追完方法によることとしつつ、契約の趣旨に適合し、かつ買主に不相当な負担を課すものでない場合には、売主の提供する追完方法が優先することになります（改正民法 562 条）。自動車全体を交換するのではなく、ラジオ部分のみ取り換えても、契約の趣旨に適合し買主に不相当な負担を課すとは考えにくいので、売主が代替物の引渡しを拒絶し、ラジオの取り換えにより修補することは認められる可能性が高いと思われます。

　《②について》：売主 X の取り換え対応は認められる可能性が高いです。

　現行民法では、追完請求は不特定物においてのみ認められるため、売主の担保責任は、解除または信頼利益の損害賠償に限定され、追完請求はできませんでした（ただし、実務上は特定物でも追完で対応することが多い状況でした）。改正民法では、契約（債務不履行）責任説に一元化され、特定物・不特定物に取扱いの差はないため、①と同様の結論となります。

　《③について》：新車であれ、中古車であれ、認められないと考えられます。

　改正民法は、無催告解除事由を限定し（改正民法 542 条）、また催告解除もその債務不履行が「その契約及び取引上の社会通念に照らして軽微である」ときには認めないため（改正民法 541 条ただし書）、売主 X がラジオの不具合を追完する以上は、買主 Y は解除できないと考えられます。なお、現行民法 570 条が準用する現行民法 566 条は「契約をした目的を達することができないとき」に解除することができるとしているため、本問における結論は現

行民法でも同じであると考えられます。

Q 15-2 買主の代金減額請求権

Q 買主 Y は、売主 X から、同時に 2 枚食パンを入れて焼ける中古トースターを購入した。実際に 2 枚食パンを入れて焼いてみると、片側しか通電しておらず、1 枚しかトーストが焼けなかった。買主 Y は、1 か月以内に追完するよう売主 X に催告したが、売主 X はこれに応じなかった。買主 Y は売主 X に対して、代金減額請求ができるか。

A 代金減額請求できると考えられます（改正民法 563 条 1 項）。

現行民法は、特定物の場合、権利の一部移転不能、数量不足の瑕疵の場合にのみ代金減額請求を認めており、品質に関する瑕疵の場合には代金減額請求は認めず、解除または損害賠償のみを認めていました。改正民法は、品質に関する契約不適合の場合にも代金減額請求を認めており、また、代金減額請求は売主の帰責事由の有無を問いません。本問の場合、相当期間を定めて催告をしても追完がなかったのですから、代金減額請求は認められます（改正民法 563 条 1 項）。

Q 15-3 買主の損害賠償請求権および解除権

Q 上記 Q 15-2 の事案で、買主 Y は業務用に使用するためトースターを購入したものであるが、1 枚しか焼けないことにより大幅な売上減少となった。また、半分しかトーストが焼けなかったので大量の食パンが余ってしまった。買主 Y は、代金減額請求の代わりに、契約の解除、損害賠償請求ができるか。

A 解除はできます。損害賠償請求も、特段の事情がない限り、認められるものと思われます。

改正民法は損害賠償請求権および解除の要件はそれぞれの一般規定（改正民法 415 条、541 条、542 条）に従うこととなります。本問では、買主 Y としては、相当期間を定めて催告をしても売主 X からの追完がなかったのですから、改正民法 541 条または 542 条1 項 5 号のいずれかにより契約を解除することができます。一方、損害賠償については、売主 X が、自身に免責事由があることを立証し得るかが、一応問題になりますが（改正民法 415 条 1 項ただし書）、トースターが通常の機能を備えているか否かは、売主がコントロールしておくべきことと考えられるので、特段の事情がない限り、損害賠償請求も認められると思われます。

Q 15-4 買主の権利制限期間

Q 買主 Y は、友人である売主 X から、2015 年 2 月に中古のスマートフォンを購入し、3 月にはカメラ機能が使えないことに気付いていたが、海外短期赴任に行ってしまったため特段売主 X に対して連絡していなかった。海外赴任から戻った 2015 年 11 月に、買主 Y は、「貴殿から購入したスマートフォンのカメラ機能が使えません」と売主 X に通知した。売主 X からは何らの回答もなかったため、買主 Y は、2016 年 4 月に、売主 X に対して売買契約を解除し代金を返還するよう要請した。買主 Y の請求は認められるか。

また、売主 X が携帯電話メーカーで、買主 Y が携帯電話ショップであった場合はどうか。

A 設問の前段のケースでは認められますが、後段のケースでは認められません。

　現行民法では、事実を知ったときから1年以内に、権利を行使する必要がありました（現行民法570条）。改正民法は、不適合の事実を知ったときから1年以内に不適合の事実を「通知」すればよく（改正民法566条）、この通知により保存された買主の権利は、一般の消滅時効期間（改正民法166条1項。主観的起算点（不適合を知った時）から5年、客観的起算点（購入時）から10年）が満了するまでは行使することができます。

　本問では、買主Yは1年以内に目的物の品質が契約内容に適合していないという事実の通知をしている以上、解除は認められることになります。

　一方で、商人との売買の場合、買主は、引渡しから6か月以内に契約不適合の事実を発見して通知を行う必要がありますので（商法526条2項ただし書。民法の改正に伴い字句の改正がされる予定です）、売主Xが携帯電話メーカーで、買主Yが携帯電話ショップであった場合には、買主Yの請求は認められないことになります。

Q 15-5　目的物の滅失等についての危険の移転

Q　①売主Xは買主Yに対して中古自転車を売る旨の売買契約を締結し、売主Xのマンションの駐輪場で保管していた。しかし、買主Yがその引渡しを受ける前に、予期できない突然の集中豪雨による浸水で自転車が錆びてしまった。買主Yは代金の支払拒絶、追完請求、代金減額請求、解除ができるか。

　②売主Xが売買契約の約定どおり、買主のところまで自転車を引渡しに来たにもかかわらず、買主Yが受取りを拒絶し、その後、大雨浸水により錆びてしまった場合はどうか。

A 引渡前に、双方の責めに帰することのできない事由によって目的物が滅失・損傷した場合のリスクをどちらが負担するかを問うものです。

①の場合、目的物の引渡時にこのリスクも移転することになるので（改正民法567条1項）、引渡前に双方の責めに帰することができない事由によって目的物が損傷した本件では、買主Yは、代金の一部支払拒絶、追完請求（錆落とし等の補修請求）または代金減額請求をすることができます。また、中古自転車とはいえ、錆の程度が軽微とはいえないときは催告解除を（改正民法541条）、錆の程度が甚だしく契約目的を達することができないときは無催告解除を（改正民法542条1項3号）することができます。しかし、損害賠償請求は、売主Xに免責事由があることになるので、認められません（改正民法415条1項）。

②の場合、買主Yの受領遅滞が先行しており、この場合には、履行の提供があった時にこのリスクが移転することになるので（改正民法567条2項）、その後に双方の責めに帰することのできない事由によって目的物が損傷した本件では、買主Yは、権利行使をすることができません。

16　消費貸借

1　改正のポイント

(1)　書面等でする諾成的消費貸借の創設

　現行民法は、消費貸借は、借主が金銭その他の物を受け取ること
によって効力を生ずる要物契約であると規定しています（現行民法
587条）。これは、物を受け取っていないのに返還義務を負わされる
ことがないようにするというローマ法以来の伝統的な考えによるも
のですが、実務では、貸付けが行われることを法的に確保する観点
から、要物性を緩和した契約が行われており、判例も諾成的消費貸
借（物の授受がなくとも合意のみで成立する消費貸借）の成立を容認
していました。そこで、改正民法は、要物契約たる消費貸借契約（改正
民法587条。現行民法と同文です）に加えて、書面または電磁的記録
によってするのであれば、諾成的消費貸借契約も認めるという明文
の規定を置きました（改正民法587条の2）。書面等を要求したのは、
軽率な合意を戒め、後日の紛争を避けるためです。

→ Q 16-1　諾成的消費貸借契約の成立

　借主は、貸主から目的物を受け取るまでは、諾成的消費貸借契約
を解除することができますが、この場合、貸主は借主に対して、契
約解除によって被った損害の賠償を請求することができます（改正
民法587条の2第2項）。

《実務上の注意点》損害およびその額、因果関係の主張立証責任は貸

主にありますが、利息の特約がある場合でも、予定された目的物引渡
時から予定された弁済期までの利息相当の金員が当然に損害となるも
のではない点には注意を要します。損害の有無および額については明
文の規定がなく、今後の裁判例の蓄積に委ねられることになりました
が、実務上は、争いを防ぐべく、合理的な損害賠償の予定を定めてお
くのがよいでしょう。

→ Q 16-2 諾成的消費貸借契約の解除

(2) 準消費貸借の規定の改正

現行民法 588 条では、消費貸借によらない物の返還債務を消費貸
借の目的とする消費貸借（準消費貸借）を成立させることができると
していましたが、判例上は、消費貸借による物の返還債務を消費貸
借の目的とする準消費貸借も認められていたことから、改正民法
588 条ではこれを明確化しました。

(3) 期限前返還に関する規定の整備

現行民法 136 条 2 項では「期限の利益は、放棄することができる。
ただし、これによって相手方の利益を害することはできない」と規
定されています。この点、利息付消費貸借においては、弁済期まで
の利息を得るという貸主の利益保護のため弁済期前の弁済はできな
いとする見解や、弁済期までの利息相当額を支払えば弁済期前の弁
済も許されるとする見解（通説）がありました。

改正民法では、返還時期を定めた場合でもいつでも返還すること
ができることを明確にする一方で、これによって損害を受けた貸主
は、借主に対してその賠償を請求することができる旨の規定を加え、
ルールを明確にしました（改正民法 591 条 2 項・3 項）。

《実務上の注意点》弁済期前の弁済の場合の損害についても、約定の

弁済期までに予定されていた利息相当の金員が当然に損害になるものではないとされている点には注意を要します。後の争いを防ぐため、合理的な内容で、弁済期前の弁済の際の損害賠償の予定を定めておくのがよいでしょう。

→ Q 16 -3 弁済期前の弁済

(4) 利息に関する規定の創設

利息を請求するには特約が必要ですが、改正民法は、その旨の規定を明文化し、併せて、その利息が生ずるのは、「物を受け取った日以後」であることも規定しました（改正民法589条）。解釈上異論のないところを明文化したものです。

(5) 貸主の担保責任等に関する規定の改正

改正民法590条1項では、無利息の消費貸借について、同じく無償契約である贈与の規定（改正民法551条）を準用することにしたため、貸主は、原則として、目的物を特定したときの状態で引き渡せば足りることになります。これに対して、利息付きの消費貸借の場合は、売主の担保責任の規定が準用され（改正民法559条）、引き渡された目的物が契約の内容に適合しない場合、貸主は、借主に対して、代替物の引渡義務等のほか、損害賠償責任等の担保責任を負います（なお、売買の担保責任の規定が改正された結果、この趣旨を定めていた現行民法590条1項は削除されました）。

また、現行民法590条2項では、無利息消費貸借の場合、借主は瑕疵ある物の返還に代え、その物の価額を返還することができることとされていましたが、改正民法590条2項では、利息付きの消費貸借の場合でも同様とする旨の改正がなされました。一般的な解釈に合わせたものです。

⑹ 経過規定

　ここまでに述べた改正内容は、改正民法の施行日前に締結された消費貸借契約には適用されない旨が定められています（改正法附則34条1項）ので、施行日以後に締結された消費貸借契約から適用されることになります。

2　ケーススタディ

Q 16-1　諾成的消費貸借契約の成立

Q　XとYは、9月1日に、XがYに10月1日に1000万円を貸し渡し、Yが11月1日に全額を弁済することを合意した。当該合意が以下の形式でされた場合、XはYに対して1000万円を貸す義務を負うか。

　　① 口頭で合意された場合
　　② Yが上記内容を記載した金銭消費貸借契約書案を添付して、同契約書案での契約締結をXにメールで打診していたところ、XがYに対する返信メールで同契約書案の内容に了解した場合

A　諾成的消費貸借契約は書面等で行う必要がありますので（改正民法587条の2第1項）、①の場合は、契約が成立しておらず、XはYに対して1000万円を貸す義務を負いません。改正前は、書面によらない諾成的消費貸借契約も否定されていなかったので、口頭による契約の成立の有無が争われる事案もありましたが、改正後は書面による必要がありますので、そのような争いはなくなります。

　他方で、諾成的消費貸借がその内容を記録した電磁的記録に

よってされたときは、書面によってされたものとみなされます（改正民法587の2第4項）。②のようなやりとりは実務上頻繁に行われており、「書面」には貸主および借主の意思の双方が現れる必要がありますが、必ずしも一通の書面に現れている必要はないと解され（筒井健夫＝村松秀樹編著『一問一答　民法（債権関係）改正』（商事法務、2018年）293頁参照）ますので、今後はこのようなやりとりで諾成的消費貸借契約が成立したとして争われる例も出てくるでしょう。契約書に双方が押印して契約成立とすることが明らかな場合は、このようなメールのやりとりだけで消費貸借契約の成立が認められることはないと思われますが、あくまで具体的な事案における当事者の意思解釈・事実認定の問題（貸す意思・借りる意思の合致が認められるか）になりますので、メールの文面には注意をしましょう。

Q 16-2　諾成的消費貸借契約の解除

Q　X銀行とY社は、2月1日に、X銀行がY社に、3月1日に、年3％の利息付で10億円を貸し渡し、Y社が12月30日に全額を弁済することを書面により合意した。

　その後の2月10日に、Y社において、Z銀行から3月1日に、年2％の利息で10億円を借りることができることが判明した。

　① Y社は、X銀行ではなくZ銀行から借り入れたいと考えているが、X銀行から借り入れなければならないか。X銀行がY社から消費貸借契約を解除された場合、X銀行はY社に対して何らかの請求ができないか。

　② Y社が3月1日を経過しても10億円の借入れを受けようとしない場合、X銀行としてはどのような対応が可能か。

A ①Y社は、実際にX銀行から10億円を借り入れるまでは、X銀行との消費貸借契約を解除することができます。ただし、X銀行は、解除によって損害を受けたときは、Y社に対し、賠償請求することができます（改正民法587条の2第2項）。

　契約どおりに貸付けと弁済が実行されればX銀行は利息収入を得ることができますが、他の人に金銭を貸して利息収入を得ることもできるため、予想された利息収入が当然にX銀行の損害となるものではないと考えられており、X銀行において、具体的な損害の額および因果関係を主張立証しなければなりません。具体的な損害としては、貸付金の調達コストなどが考えられると解されていますが、その主張立証は一般的に困難であると予想されます。実務的には、契約に合理的な賠償額の予定を定めておくのがよいでしょう。

　②寄託契約の場合は受寄者からの引渡しの催告および解除（改正民法657条の2第3項）の規定がありますが、消費貸借には同様の規定がありません。貸主は、いつ借主に求められても大丈夫なように、貸付けに充てる資金を置いておく必要があります。しかし、それでは資金の有効活用ができません。そこで、貸主が促しても借主がお金を受け取らない場合、借主による受領前解除の意思表示がされたと取り扱うことができるのではないかという議論がなされています。いずれにせよ、貸主は不安定な地位に置かれますので、X銀行としては、後にY社から資金の貸付けを求められないようにするために書面により合意解除を確認しておくか、そもそもこのような場合には貸付義務が消滅するような契約内容にしておく方が安全でしょう。

Q 16-3　弁済期前の弁済

Q　X 社は、Y 銀行から、2 月 1 日に、弁済日を 12 月 30 日、金利 3%として金 20 億円を借り入れた。その後、予定していた設備投資を行う必要がなくなったため、借入金を弁済日に先立って返済したいと考えているが、可能か。

A　X 社は弁済日に先立って返済することができますが、これにより Y 銀行が損害を受けたときは、Y 銀行は X 社に対し、その賠償を請求することができます（改正民法 591 条 2 項・3 項）。

　　ただし、約定の弁済日までに予定されていた利息相当額が当然に Y 銀行の損害になるものではありません。後の争いを防ぐため、期限前弁済の場合の損害賠償の予定を定めておくのがよいでしょう。

17 賃貸借・使用貸借

1 改正のポイント

(1) 賃貸借の存続期間の上限

現行民法は、賃貸借の存続期間の上限を 20 年としていますが（現行民法 604 条）、改正民法は、この上限を 50 年に改めました。

これは、ゴルフ場の用地、太陽光発電の用地等の賃貸借、大型のプロジェクトにおける重機やプラントのリース契約では、20 年を超える存続期間を定めるニーズがあることを踏まえたもので、取引実務の要請に応えた改正ということができます。法案検討の過程ではこの上限規制そのものを撤廃することも議論されましたが、見送られ、最終的に、永小作権の存続期間（278 条）と同じく 50 年を上限としたものです。

(2) 賃貸人たる地位の移転

① 対抗要件を備えている賃貸借の賃貸人たる地位の移転

甲が、A に賃貸している不動産を乙に売却した場合、A は、乙に賃借権を主張して対抗する（乙からの返還請求を拒絶する）ことができるか。賃借権は債権ですから、契約の相手方である甲に対する効力しかなく、第三者である乙には対抗できない（売買は賃貸借を破る）はずですが、賃借人を保護するため、現行民法 605 条は、不動産について登記された賃貸借は対抗力を有するものとし、改正民法 605 条もこれを踏襲しています。さらに、建物保護ニ関スル法律、借地

法、借家法を統合した借地借家法は、借地権は、その登記がなくても、借地上に登記した建物があれば、対抗力を有し（10条）、建物の賃貸借は、その登記がなくても、引渡しがあれば、対抗力を有する（31条）ことを認めています。

　それでは、このようにして賃貸借の対抗要件を備えた不動産が譲渡された場合、賃貸人たる地位も当然に移転することになるか。現行民法には規定はありませんが、この場合には、甲は、所有権を失うのでAに使用収益させる権限を失い、反面、Aは、新所有者乙に賃借権を対抗することができ、乙は、賃貸借の存続を承認しなければならないわけですから、賃貸人が甲から乙に交代することを認めるのが、簡明で合理的です。そこで、判例（最判昭和39・8・28民集18巻7号1354頁、最判昭和44・7・17民集23巻8号1610頁）は、対抗力を備えた不動産賃貸借については、特段の事情のない限り、賃貸不動産の譲渡とともに賃貸人の地位も当然に譲受人に移転するものと解していました。

　改正民法は、この判例ルールを明文化し（改正民法605条の2第1項）、併せて、賃貸人の地位が移転した場合に、敷金返還債務および費用償還債務が譲受人に承継されるという判例ルールも、明文化されました（改正民法605条の2第4項、605条の3後段）。

②　対抗要件を備えている賃貸借の賃貸人たる地位が譲渡人に留保された場合

　さて、取引実務では、賃貸不動産の譲受人乙に不動産管理の意思が全くない（賃借人に対し修繕義務や費用償還義務などを負うといった煩わしい法律関係は望まない）場合があります。信託的譲渡や、賃貸不動産の所有権を共有持分権や信託受益権に小口化して売買する場合などがその典型ですが、このような場合には、例外的に、賃貸人

たる地位は移転しないものとすることができれば、好都合です。そこで、実務では、甲と乙が、賃貸人たる地位を甲に留保する旨および新所有者乙は甲に不動産を賃貸する旨を合意し、甲はこの賃借権に基づいてＡに転貸する形で、引き続きＡに使用収益させるという方式がとられるようになりました。実際には、不動産が大きなビルで、賃借人も多数なら、譲受人も多数、さらに信託会社やビル専門の管理会社等への譲渡も介在するなど、様々な契約形態があります（後記の平成11年最高裁判決の事案も、そのようなものでした）。

　そして、上記①の判例も、賃貸人たる地位が当然には移転しない「特段の事情」があることを認めていたので、甲と乙が、賃貸人たる地位を甲に留保する旨を合意することが、この例外としての「特段の事情」に該当するのではないかという論点が関心を集め、最高裁の判断が待たれていました。しかし、判例（最判平成11・3・25判時1674号61頁）は、新旧両所有者の間に賃貸人たる地位を留保する旨の合意があるだけでは、この「特段の事情」には当たらないとしました。事案は、やや複雑ですが、(i)Ｐが、Ｘ他多数を賃借人とする賃貸建物を共有持分権に小口化してＱらに売買、(ii)ＱらからＹに信託譲渡、(iii)ＹからＲに、転貸を目的とする一括賃貸、(iv)Ｒから元の所有者であるＰに、転貸を目的とする一括賃貸がされ、(v)売買と信託譲渡の際、賃貸人の地位をＰに留保する旨が合意されたというもので、Ｐが破産宣告を受けたので、Ｘが、賃貸人はＹであるとして、Ｙに対し敷金返還債務の履行を求めたという事件です。最高裁は、その理由として、「（賃貸人たる地位の留保を認めると、）賃借人は、建物所有者との間で賃貸借契約を締結したにもかかわらず、新旧両所有者の合意のみによって、建物所有権を有しない転貸人との間の転貸借契約における転借人と同様の地位に立たされることになり、旧所有者がその責に帰すべき事由によって右建物を使用管理する等の

権原を失い、右建物を賃借人に賃貸することができなくなった場合には、その地位を失うに至ることもあり得るなど、不測の損害を被るおそれがあるからである」と述べています。

　そこで、改正民法は、「不動産の譲渡人及び譲受人が、賃貸人たる地位を譲渡人に留保する旨及びその不動産を譲受人が譲渡人に賃貸する旨の合意をしたときは、賃貸人たる地位は、譲受人に移転しない。この場合において、譲渡人と譲受人又はその承継人との間の賃貸借が終了したときは、譲渡人に留保されていた賃貸人たる地位は、譲受人又はその承継人に移転する」旨定めました（改正民法605条の2第2項）。甲が、Aに賃貸している不動産を乙に売却したという冒頭のシンプルな設例に即していうと、この規定の前段は、取引実務で実践されていた甲乙間の合意（すなわち、賃貸人たる地位を甲に留保し、その不動産を乙が甲に賃貸する旨の合意）があれば、賃貸人たる地位は移転しないという効果を認めるもので、一見すると、上記の平成11年最高裁判決に反するようにみえますが、規定の後段で、乙から甲への賃貸借が終了したときは、甲に留保された賃貸人たる地位が乙に移転することとして、賃借人Aが不測の損害を被ることのないよう配慮しているので、この判決の趣旨を踏まえた改正ということができます。

　賃貸人たる地位を譲渡人に留保する手法は、多数の賃借人がいるビルの所有権を共有持分権や信託受益権に小口化して売買するような場合に、きわめて有用なスキームです。取引実務では、これまで、判例の趣旨を踏まえて、多数の賃借人から個別に賃貸人たる地位を留保することについての同意を得るという慎重な取扱いをしていたものと思われますが、改正民法605条の2第2項により、このような取扱いも不要となりました。賃貸不動産の流動化を促す新しい制度を創設したという意味で、注目すべき改正といえるでしょう。

③　合意による賃貸人たる地位の移転

改正民法605条の3は、不動産の譲受人に対して賃貸借を対抗することができない場合であっても、その賃貸人たる地位は、譲渡人および譲受人の合意により、賃借人の承諾を要しないで、譲渡人から譲受人に移転させることができるものとしています。これは、判例ルールを明文化したものです。契約上の地位の移転には相手方の承諾を要するのが原則であり、改正民法は、この理を明文化していますが（改正民法539条の2）、目的物の所有権を有していれば、これを使用収益させることができるので、賃貸人たる地位の移転については、少なくとも目的物の所有権の移転と共に行う限りにおいては、賃借人の承諾は不要としたものです。

→ Q 17 -1　賃貸人の地位の移転

(3)　賃借人の妨害排除請求の明文化

判例は、不動産の賃借権が対抗要件を備えている場合には、賃借権に基づく妨害排除請求権や返還請求権を認めていましたが、改正民法はこれを明文で規定しました（改正民法605条の4）。対抗力を有しない不動産の賃借人や不動産以外の賃借人に妨害排除請求等が認められるかは、引き続き解釈に委ねられることになります。

→ Q 17 -2　賃借人の妨害排除請求

(4)　敷金の明文化

改正民法は、敷金を、「いかなる名目によるかを問わず、賃料債務その他の賃貸借に基づいて生ずる賃借人の賃貸人に対する金銭の給付を目的とする債務を担保する目的で、賃借人が賃貸人に交付する金銭」と定義するとともに、(i)賃貸借が終了し、かつ、賃貸物の返還を受けたとき、(ii)賃借人が適法に賃借権を譲り渡したときには、

賃貸人に敷金の返還債務が発生することを明文で規定しました（改
正民法 622 条の 2 第 1 項）。さらに、契約継続中に未払賃料が生じた
ような場合には、賃貸人は、敷金をその弁済に充てる（未払賃料を敷
金から差し引く）ことができるが、賃借人が、未払賃料を敷金から差
し引くよう請求することはできないことも明文で規定されました
（改正民法 622 条の 2 第 2 項）。いずれも、判例ルールの明文化であり、
敷金に関する実務を変更するものではありません。

《実務上の注意点》なお、契約継続中に賃貸人が敷金を賃借人の債務
の弁済に充てた（敷金から差し引いた）場合、当然に賃貸人に追加の
敷金預託を求める権利が発生するわけではないので、そのようなオプ
ションを求めるのであれば、これまでどおり、賃貸借契約書にその旨
を規定しておく必要があります。敷金の当然没収やいわゆる敷引き条
項についても、同様です。

→ Q 17-3　敷　金

(5)　修繕ルールの明文化

　現行民法 606 条第 1 項は、「賃貸人は、賃貸物の使用及び収益に必
要な修繕をする義務を負う」とだけ規定していますが、改正民法は、
これを踏襲した上、賃借人に帰責事由がある場合には賃貸人に修繕
義務はないとするただし書を新設しました（改正民法 606 条 1 項）。
これは、現行民法下の通説の考え方を明文化したものです。

　また、賃貸人が修繕をしない場合や急迫の事情がある場合には、
賃借人が修繕することができる旨の規定も新設されています（改正
民法 607 条の 2）。

→ Q 17-4　賃貸借における修繕の範囲等

⑹　賃貸借終了の際の原状回復

　現行民法には、賃貸借契約が終了した場合における賃借人の原状回復義務については、現行民法616条が準用する同法598条（借主の収去権を規定しており、これが収去義務についても定めたものと解釈されていました）があるのみで、その内容を具体的に定めた規定はありませんでした。そこで、改正民法621条は、(i)賃借人は、賃借物を受け取った後にこれに生じた損傷のうち、通常損耗（賃借物の通常の使用・収益により生じた損耗）および経年変化（同条括弧書き）を除いたものについて、原状回復義務を負う、(ii)ただし、その損傷が賃借人の責めに帰することができない事由によるものであるときは、原状回復義務は負わない、と定めました。

　通常損耗および経年変化を原状回復の対象から除くのは、判例ルール（最判平成17・12・16裁判集民事218号1239頁）を明文化したものです。この最高裁判決は、その理由として、賃貸借においては通常損耗が生ずることを前提に減価償却費や修繕費等の必要経費を折り込んで賃料の額を定めるのが一般的であるため、賃借人が通常損耗の回復義務を負うとすると賃借人にとって予期しない特別の負担を課されることになることを挙げ、したがって、賃借人に同義務が認められるためには、少なくとも、賃借人が補修費用を負担することになる通常損耗の範囲が賃貸借契約書の条項自体に具体的に明記されているなど、その旨の特約が明確に合意されていることが必要である、としています。通常損耗にとどまるのか、その域を出た損傷（改正民法621条のいう「損傷」）に当たるのかの認定は、難しいものがありますが、国土交通省が発行している「原状回復をめぐるトラブルとガイドライン」が参考になります。

《実務上の注意点》なお、これは任意規定なので、通常損耗も原状回復
の対象とする旨を賃貸借契約上で定めることは差支えありませんが、
上記平成 17 年最高裁判決がいうとおり、原状回復義務の対象となる
通常損耗の範囲を具体的に明記することが必要になります。

→ Q 17 -5　賃貸借および使用貸借における原状回復の範囲

(7)　使用貸借の諾成契約化

　現行民法 593 条は、使用貸借を要物契約としていますが、現代で
は使用貸借を要物契約としなければならない理由はありません。そ
こで、改正民法は、使用貸借を諾成契約に改めました（改正民法 593
条）。

　そして、借主が借用物を受け取るまでの法律関係については、無
償の行為が軽率に行われることもあるため、貸主はいつでも契約を
解除することができることとし、ただし、書面による使用貸借につ
いては、そのような危惧はないことから解除できないこととしてい
ます（改正民法 593 条の 2）。

　なお、消費貸借については、書面または電磁的記録によってする
ものであれば、諾成契約によることを認めています（改正民法 587 条
の 2）。

(8)　使用貸借の解除・終了の整理

　現行民法 597 条は、使用貸借における借用物の返還時期を定めて
いますが、改正民法は、これを使用貸借の終了の観点から再構成し、
以下のとおり、①期間満了等一定の事実の発生による使用貸借の終
了（改正民法 597 条）、②解除による使用貸借の終了（改正民法 598 条）
に分けて規定しました。

① 一定の事実の発生による使用貸借の終了事由（改正民法 597 条）
　㋐　使用貸借の期間を定めたときは、その期間が満了することによって終了（1 項）。
　㋑　期間の定めのない使用貸借において、使用および収益の目的を定めたときは、借主がその目的に従い使用および収益を終えることによって終了（2 項）。
　㋒　（期間の定め、目的の定めの有無にかかわらず）借主の死亡によって終了（3 項）。

② 使用貸借の解除事由（改正民法 598 条）
　㋐　期間の定めのない使用貸借において、使用および収益の目的を定めたときは、当該目的に従い借主が使用および収益をするのに足りる期間を経過したときは、貸主は、契約の解除をすることができる（1 項）。
　㋑　期間および使用収益の目的の定めがない使用貸借においては、貸主は、いつでも契約の解除をすることができる（2 項）。
　㋒　借主は、いつでも契約の解除をすることができる（3 項）。

　②㋒は、使用貸借の借主はいつでも目的物の返還をすることができると解されていたことから、これを、借主の任意解除権という形に整理して明文化したものです。

→ Q 17-6　使用貸借の終了・解除

(9)　使用貸借終了の際の原状回復

　現行民法 598 条は、「借主は、借用物を原状に復して、これに附属させた物を収去することができる」と規定しており、これは使用貸借終了の際の借主の原状回復義務を定めたものと解されていますが、使用貸借が終了した場合における原状回復義務の内容については規定がありません。そこで、改正民法 599 条 3 項は、(i)借主は、目的

物を受け取った後にこれに生じた損傷について、原状回復義務を負う、(ii)目的物の損傷が借主の帰責事由によらないものである場合には、原状回復義務を負わない、と定めました（改正民法599条3項）。

　賃貸借の場合と異なり、通常損耗は原状回復義務の対象から除かれていませんが、これは、賃貸借においては、通常損耗が生ずることを前提に減価償却費や修繕費等の必要経費を折り込んで賃料の額を定めるのが一般的であるため、賃借人が通常損耗の回復義務を負うとすると賃借人にとって予期しない特別の負担を課されることになる（前掲最判平成17・12・16裁判集民事218号1239頁）のに対し、賃料支払義務のない使用貸借においては、無償で借りる以上は借主が通常損耗もすべて回復するという趣旨であることもあるし、逆に、無償で貸すということは貸主がそれによって生じた通常損耗もすべて甘受するという趣旨であることもあり、個々の使用貸借契約の趣旨によって様々であると考えられることによります。

　書面による使用貸借の場合には、通常損耗が原状回復の対象となるか否かを明記しておく方がいいでしょう。

→ Q 17-5　賃貸借および使用貸借における原状回復の範囲

(10)　損害賠償に関する時効の完成猶予

　現行民法600条では、「契約の本旨に反する使用又は収益によって生じた損害の賠償及び借主が支出した費用の償還は、貸主が返還を受けた時から一年以内に請求しなければならない」として、損害賠償の期間制限（除斥期間）を定めており、改正民法600条1項も、これを踏襲しています。しかし、借主の用法遵守義務違反による貸主の損害賠償請求権は、借主が用法違反をした時から起算される10年の消滅時効にもかかるので（現行民法167条1項、改正民法166条1項2号）、返還を受けた時点で用法遵守義務違反行為から10年が経

過していると、貸主の損害賠償請求権は既に時効により消滅しており、権利行使ができなくなるという問題がありました。そこで、改正民法 600 条 2 項は、「前項の損害賠償の請求権については、貸主が返還を受けた時から一年を経過するまでの間は、時効は、完成しない」とし、貸主の損害賠償請求権について、時効の完成猶予を認めました。

→ Q 17-7 損害賠償に関する時効の完成猶予

(11) 経過措置

改正民法の規定は、原則として、施行日後に締結された賃貸借契約および使用貸借契約に適用され、施行日前に締結された各契約に適用がないのが原則です（改正法附則 34 条 1 項）。

ただし、これには以下の例外があります。

① 賃貸借契約の存続期間の上限を 50 年とする改正民法 604 条 2 項は、施行日以後に契約更新に係る合意がなされるときにも適用されます（改正法附則 34 条 2 項）。

② 対抗力ある賃借人の妨害排除等請求を定める改正民法 605 条の 4 は、施行日以後にその不動産の占有を第三者が妨害し、またはその不動産を第三者が占有しているときにも適用されます（改正法附則 34 条 3 項）。

2 ケーススタディ

Q 17-1 賃貸人の地位の移転

Q X 社は、A ら 50 人の賃借人が入居している大型ビルを所有している。X 社は、この賃貸ビルを共有持分権に小口化して、Y ら 40 人の持分権者に売却する予定だが、Y らには賃貸人となる意思

は全くない。X 社は、賃貸人たる地位を留保するためには、Y ら
との間でどのような合意をすべきか。また、賃貸人たる地位を留
保することにつき A らの個別の同意を得ておく必要があるか。

A X 社は、Y らとの間で、賃貸人たる地位を X 社に留保する旨お
よび Y らが X 社にこのビルを賃貸する旨の合意をすることを要
しますが、A らから個別に賃貸人たる地位を留保することについ
て同意を得る必要はありません。

　賃貸借の対抗要件を備えた不動産が譲渡された場合、賃貸人た
る地位も譲受人に移転するのが原則ですが（改正民法 605 条の 2 第
1 項）、改正民法 605 条の 2 第 2 項前段は、その例外として、「前項
の規定にかかわらず、不動産の譲渡人及び譲受人が、賃貸人たる
地位を譲渡人に留保する旨及びその不動産を譲受人が譲渡人に賃
貸する旨の合意をしたときは、賃貸人たる地位は、譲受人に移転
しない」と規定しています。したがって、X 社は、Y らとの間で賃
貸人たる地位を X 社に留保する旨および Y らが X 社にこのビル
を賃貸する旨の合意をすることを要し、かつ、それで足ります。
A らから個別に賃貸人たる地位を留保することについて同意を得
る必要もありません。X 社は、この賃借権に基づいて A らに転貸
し、引き続き使用収益させることになります。

　現行民法下では、X 社と Y らとの間の賃貸借が終了すると、A
らは転借権を失うことにならざるを得ず、このことが、賃貸人た
る地位の留保を認めない判例（最判平成 11 年 3 月 25 日裁判集民事
192 号 607 頁）の根拠になっていましたが、改正民法は、「この賃貸
借が終了したときは、譲渡人に留保されていた賃貸人たる地位は、
譲受人又はその承継人に移転する」（同項後段）こととして、この
問題を解消しました。

Q 17-2 賃借人の妨害排除請求

Q X社は、A社から土地を賃借し、当該土地上にマンションを建築中であるが、反社会的勢力に属する者たちが、マンション建築に反対すると称して、敷地部分に入って杭を打ち、立看板を立て、工事車両の出入り等を妨げるなどしており、工事が進められない状況である。X社は、妨害排除請求をすることができるか。マンション建築後も、敷地内に入って立看板を立てる等の行為が続いた場合は、どうか。

A 改正民法では、対抗要件を有する賃借人は、賃借権の妨害排除請求ができるものと定められています（605条の4）。ここでいう対抗要件は、賃借権の登記のほか、借地借家法上の対抗要件を指しています（605条の2第1項）。土地に賃借権の登記があれば妨害排除を請求することができますが、この登記はしていないことが多いでしょう。借地借家法10条は、借地権（建物所有目的の賃借権）は、その登記がなくても、借地上に登記した建物を所有していれば、対抗力を有することを認めていますが、設問では、マンションは建築中であり、当然未登記なので、妨害排除を請求することはできません。この場合、賃借人は、債権者代位権の転用により、土地所有者であるA社の妨害排除請求権を代位行使することの検討をすることとなります。

マンションが完成し、登記も完了した後に、なお敷地内に入って立看板を立てる等の行為が続くようであれば賃借権に基づく妨害排除請求が可能となります。

Q 17-3　敷　金

Q　X社は、A社から建物を賃借し、敷金として100万円、保証金として50万円をA社に差し入れている。改正民法においては、敷金について規定が新設されているが、現行民法下の敷金についての解釈と異なるところはあるか。

A　現行民法下の解釈と相違はありません。

　改正民法では、敷金は、「いかなる名目によるかを問わず、賃料債務その他の賃貸借に基づいて生ずる賃借人の賃貸人に対する金銭の給付を目的とする債務を担保する目的で、賃借人が賃貸人に交付する金銭」と定義され、賃貸借が終了し、賃借物の返還がなされた時には、貸主は借主に残額を返還することとされています（622条の2）。これは、従来の敷金の定義および返還時期（明渡時説）について確立した判例法理を明文化したものであり、解釈の変更はありません。また、「いかなる名目によるかを問わず」とあることから明らかなとおり、保証金または権利金名目であっても敷金と認定されるケースがほとんどだろうと思われます。

Q 17-4　賃貸借における修繕の範囲等

Q　X社は、A社からコンビニエンスストア用の店舗建物を賃借しているが、床が陥没し、一時休業を余儀なくされた。X社としては、陥没の原因は、近隣一体で生じた地盤沈下が原因と考えているが、A社はX社が定期メンテナンスを実施していなかったことが原因であると主張している（定期メンテナンス自体は、賃貸借契約上、X社の債務とされている）。X社は、A社に対して床の修理等を請求することができるか。また、自ら修理をすることができる

か。

A 陥没の原因が X 社の責めによるべき事由でなければ請求は可能です。

　賃貸人は、賃貸物の使用収益に必要な修繕をする義務を負いますが、「賃借人の責めに帰すべき事由によってその修繕が必要になったときは」修繕義務は負いません（改正民法606条）。

　地盤沈下が床の陥没の原因である場合には、X 社に帰責事由はないので、A 社が修繕義務を負います。この場合、X 社としては A 社に対し修繕義務の履行を求めるのが第一ですが、改正民法においては、(i)賃借人が賃貸人に修繕が必要である旨を通知し、または賃貸人がその旨を知ったにもかかわらず、賃貸人が相当の期間内に必要な修繕をしないとき、(ii)急迫の事情があるときには、賃借人自らが修繕できることが明文化されました（改正民法607条の2）。床が陥没したという事態なので、急迫の事情が認められる可能性も高いと思われます。なお、X 社が自ら修繕を実施した場合には、修繕費用を必要費として償還請求でき（改正民法608条1項）、さらに、一部の使用収益不能を理由として、賃料は当然減額され（改正民法611条1項）、「残存する部分のみでは賃貸をした目的を達することができないとき」は、契約解除も可能となります（改正民法611条2項）。床の陥没の範囲や修繕の可能性いかんによっては、本件でも契約解除の余地があるように思われます。

　床の陥没が X 社のメンテナンスの不実施によって発生したものと認められる場合には、X 社に帰責事由があるので、X 社は、A 社に対し修繕義務の履行を求めることはできず、自ら修繕を実施した場合でも、その費用の償還請求をすることはできず、賃料が減額されることもありません。もっとも、改正民法611条2項に

よる解除は賃借人の帰責事由の有無を問わない（これは目的物の一部滅失が賃借人の責めに帰すべき事由によるものであっても、契約の目的を達することができないのに契約を存続させるのは合理的でないという考慮によるものです）ので、「残存する部分のみでは賃借人が賃借をした目的を達することができないとき」は、X 社は契約を解除することができます。ただし、X の損害賠償責任の問題は残ります。

　また、陥没の原因いかんにかかわらず、修繕が不能で、使用収益が全部できない場合には、賃貸借契約が当然終了することが明文で定められました（改正民法 616 条の 2）。

Q 17-5　賃貸借および使用貸借における原状回復の範囲

Q　賃貸借契約が終了する場合の原状回復について、以下のものは借主が対応しなければならないか。また、使用貸借の場合はどうか。

　　①　クロスの黄ばみ

　　②　床の傷

　　③　壁に開けられた穴

A　通常損耗か否か、帰責事由があるか否かを踏まえて、判断されます。

　改正民法 621 条は、(i)賃借人は、「賃借物を受け取った後にこれに生じた損傷（通常の使用及び収益によって生じた賃借物の損耗並びに賃借物の経年変化を除く。）」について、原状回復義務を負う、(ii)ただし、その損傷が賃借人の責めに帰することのできない事由によるものであるときは、原状回復義務は負わない、と定めました。

　通常損耗および経年変化を原状回復の対象から除くのは、判例

ルール（最判平成 17・12・16 裁判集民事 218 号 1239 頁）を明文化し
たものです。通常損耗にとどまるのか、その域を出た損傷（改正民
法 621 条のいう「損傷」）に当たるのかの認定は、難しいものがあり
ますが、国土交通省が発行している「原状回復をめぐるトラブル
とガイドライン」が参考になります。設問についてみると、①の
クロスの黄ばみや②の床の傷は、程度問題ではあるものの、通常
損耗と認められる可能性が高いと思われます。これに対し、③の
壁に開けられた穴は、通常損耗とは認め難く、かつ、賃借人の責
めに帰することのできない事由によるものとは考え難いので、原
状回復の対象とされる可能性が高いと考えられます。

　ところで、個別の契約において、通常損耗や経年変化を原状回
復義務の対象とすることはできますが、上記の平成 17 年最高裁
判決は、「賃借人が補修費用を負担することになる通常損耗の範
囲につき、賃貸借契約書自体に具体的に明記されていることが必
要」としているので、留意を要します。

　他方、使用貸借の場合には、賃貸借の場合とは異なり、通常損
耗及び経年変化が原状回復の対象から除外されていません。これ
は、賃貸借においては通常損耗が生ずることを前提に減価償却費
や修繕費等の必要経費を折り込んで賃料の額を定めるのが一般的
であるため、賃借人が通常損耗の回復義務を負うとすると賃借人
にとって予期しない特別の負担を課されることになりますが（上
記平成 17 年最高裁判決）、賃料支払義務のない使用貸借においては、
無償で借りる以上は借主が通常損耗もすべて回復するという趣旨
であることもあるし、逆に、無償で貸すということは貸主がそれ
によって生じた通常損耗もすべて甘受するという趣旨であること
もあり、個々の使用貸借契約の趣旨によって様々であると考えら
れることによるものです。

Q 17-6　使用貸借の終了・解除

Q　Xは、遊休資産について固定資産税の課税を免れるため、数十年以上にわたりAシルバーセンター（社会福祉法人）に所有地を期間を定めずに使用貸借しており、Aは当該土地で畑作を行っている。Aは今般、土地上に建物を建築し、施設を建設しようとしているようであり、XはAに対し、土地の返還を求めたいが、可能か。逆に、Aが自主的に土地をXに返上すると申し出た場合、Xは応じる義務があるか。

A　以下の改正民法の定めによります。

　　改正民法においては、期間の定めのない使用貸借の終了・解除原因が次のように整理されました。

①　**使用および収益の目的を定めたとき**
㋐借主がその目的に従い使用および収益を終えることによって終了する（597条2項）
㋑目的に従い借主が使用および収益をするのに足りる期間を経過したときは、貸主は、契約の解除をすることができる（598条1項）
②　**使用および収益の目的を定めなかったとき**
貸主は、いつでも契約の解除をすることができる（598条2項）
③　**上記に共通**
㋐借主の死亡による当然終了（597条3項）
㋑借主は、いつでも契約の解除をすることができる（598条3項）

　　したがって、Aとの間の使用貸借について使用および収益の目

的が畑作に限定されていれば、畑作を止めることは①(ア)の終了事由に該当するので、契約は当然に終了します。他方、使用収益の目的が畑作に限定されていない場合であっても、②により、そもそも貸主はいつでも解除することができます。

さらに、Aが自主的に土地の返還を申し出たのは、③(イ)による解除をしたものと認められるので、Xは、土地の返還を受けることとなります。

Q 17-7 損害賠償に関する時効の完成猶予

Q Xは親戚のAに対し、20年以上にわたり、一軒家を使用貸借させていたが、先日、Aが転勤するとのことで、物件の返還を受けたところ、当初2階にあった2部屋が壁を取り壊されて1部屋になっていることが判明した。XはAからそのような事情は全く聞いていなかったので、Aに対し損害賠償を求めたが、Aは10年以上前に行ったことなので、もう時効ではないかと述べて請求に応じない。Aの主張は認められるか。

A Aによる時効の援用は認められない。

用法違反による損害賠償請求権が、用法違反行為の時から10年の消滅時効にかかることは、Aが主張するとおりです（改正民法166条1項2号）。しかし、改正民法600条2項は、設例のようなケースに備えて、「前項の損害賠償の請求権〔注：用法違反による損害賠償請求権のことです〕については、貸主が返還を受けた時から一年を経過するまでの間は、時効は、完成しない」とし、時効の完成猶予を認めました。したがって、Aによる時効の援用は認められません。

18 請 負

1 改正のポイント

(1) 請負人の担保責任に関する特則の改正

　改正民法では、売買契約における売主の担保責任の規定、および
債務不履行に関する規定が改正・整理され、同じく有償契約である
請負について、現行民法のように大幅な担保責任に関する特則を設
ける必要がなくなったことから、請負人の担保責任に関する現行民
法の特則を大幅に削除して、売買契約における売主の担保責任と概
ね平仄を合わせる形の改正がされました。現行民法では、仕事の完
成前は債務不履行の問題、仕事の完成後は担保責任の問題とされて
いましたが、このような区別もなくなっています。また、今日では、
土地工作物の請負を特別に取り扱う理由はないことから、この点に
関する特則（注文者に解除は許さない反面、長期の権利行使期間を認め
ていた）は全廃されました。

　条文の適用関係ですが、改正民法は、前述のとおり売主の担保責
任の本質は債務不履行責任であるとした上（本書 171 頁以下参照）、
請負人の担保責任についてもこれと同様として、改正民法 559 条に
より、売主の担保責任の規定（562 条から 572 条まで）を準用しまし
た。したがって、追完請求権（修補請求権）および報酬減額請求権に
ついては、改正民法 562 条、563 条が準用され、損害賠償請求権およ
び解除権については、改正民法 564 条が準用される結果、債務不履
行の一般ルールである改正民法 415 条、541 条、542 条が適用される

ことになります。

　改正の概要は以下のとおりです。

	現行民法		改正民法
	原則	土地工作物の請負に関する特則	
対象	隠れた瑕疵に限られない		契約内容不適合
瑕疵修補請求権（追完請求権）	瑕疵修補請求可（現634条1項本文） ただし、瑕疵が重要でなく、修補に過分の費用を要する場合は請求不可（現634条1項ただし書）		注文者の帰責事由がなければ追完請求可（新562条1項、2項（新559条で準用）） 追完義務が履行不能であれば追完請求不可（新412条の2第1項）
報酬減額請求権	報酬減額請求権について明文規定なし 実務上、報酬請求権と損害賠償請求権の相殺により、実質的に報酬の減額がなされていた（現634条2項）		注文者の帰責事由がなければ報酬減額請求可（新563条1項ないし3項（新559条で準用））
解除権	瑕疵により目的を達成できないときに解除可（現635条本文）	解除不可（現635条ただし書）	契約不適合があれば解除可（新564条、541条、542条（新559条で準用）） 契約不適合が軽微であれば解除不可（新541条ただし書） 土地工作物に関する例外なし

担保責任に関する規定の不適用	瑕疵が注文者の支給材の性質または注文者の与えた指図に由来する場合には、担保責任不適用（現636条本文）請負人が支給材または指図が不適当であると知りながら告げなかったときは、担保責任の規定が適用される（現636条ただし書）		同左（新636条）
権利行使期間	引渡時または仕事終了時から1年（現637条1項、2項）伸長可（現639条）	5年または10年（現638条1項）伸長可（現639条）瑕疵による滅失・損傷の場合は滅失・損傷から1年（現638条2項）	契約内容不適合を知った時から1年以内の通知がなければ失権（新637条）土地工作物に関する例外なし

(2) 請負契約が中途で終了した場合の報酬請求権についての整理

　改正民法では、仕事が未完成の段階で請負契約が終了した場合の報酬請求権について、整理がなされました。これは、請負に関して従来の判例法理を明文化したもので、同時に、同じく役務提供型の契約類型である委任、雇用の場面でも、類似の規定が整備されています。どのような場面でどの範囲の報酬請求権を行使できるのかについては、本書216頁の一覧を参照してください。

(3) 注文者の破産による解除の時的制限

仕事完成後に注文者が破産した場合、請負人が請負契約を解除できる意味はないことから、改正民法では、注文者破産の場合、請負人は仕事完成前に限り、請負契約を解除することができることとなりました（改正民法642条1項ただし書）。

2 ケーススタディ

Q 18-1 請負人の担保責任

Q 建物販売等を業とするXは、建設業者であるYに対し、堅固なコンクリート造りの建物の建築を依頼し、XY間で建物建築請負契約を締結した。Yは建物を完成させ、Xに引き渡したが、この建物には構造上重大な問題があり、これにより、建物使用者の生命・身体に影響を及ぼしかねない状況であることが判明した。

  ① この場合、Xは、請負契約を解除できるか。

  ② 構造上の問題は、建築当時では発見・解決できないようなコンクリート部材の成分に関する技術的な問題に起因しており、Yの責めに帰することができない事由によるものであった場合、Xは、Yに対し、どんな主張ができるか。

  ③ Xが、建物の引渡しを受け、かつ、構造上の問題を把握してから3年が経過したが、その後になって、Xは、Yに対して解除や損害賠償等の主張をしたいと思うようになった。Xの権利行使は認められるか。

A ①現行民法では、土地の工作物に関する請負契約に関しては、契約の目的を達することができないような瑕疵があったとしても

解除ができないとされています（現行民法 635 条ただし書）。解除
を認めて原状回復をさせたのでは、請負人の損失が過大となり、
社会経済的な損失も大きいことが、その理由とされていましたが、
注文主に対し、契約目的を達成し得ないような欠陥工作物の保
持・使用を強いる根拠とするには足りず、判例も、建築された建
物に重大な瑕疵があり、建て替えるほかないような場合には、注
文者から請負人に対し、建て替えに要する費用相当額の損害賠償
請求を認めていました（最判平成 14・9・24 裁判集民事 207 号 289 頁）。
今日では、土地工作物を特別に取り扱う理由はなく、この規定の
存在意義はないと考えられます。

　そこで、改正民法では、現行民法 635 条ただし書は削除され、
仕事の内容が契約の内容に適合しない場合であれば、土地の工作
物に関する請負契約であっても、債務不履行一般の規律に従い、
解除が認められることになりました。

　現行民法下でも、判例は、瑕疵が重大で建て替えを要するよう
な場合には、解除したに等しいレベルの損害賠償請求を認めてい
たわけですが、改正民法では、契約内容への不適合の程度いかん
によって、解除の可否が判断されることになり、契約目的を達す
ることができないときは無催告解除を、それ以外のときは催告解
除をすることができ、ただし、不適合が軽微であるときは、解除
は認められないということになります（改正民法 542 条、541 条）。

　②仕事の内容が契約の内容に適合しない場合であっても、Y に
免責事由がある場合には、損害賠償請求は認められません（改正
民法 415 条 1 項ただし書）。したがって、X がとり得る主張は、解除
権の行使か、あるいは修補請求（追完請求）または報酬減額請求と
いうことになります。なお、解除と、修補請求および報酬減額請
求とは両立しませんので、X はどちらかを選択することとなりま

す。

　現行民法では、上記①のとおり、土地の工作物に関する請負契約の場合は解除ができず、また、報酬減額請求は、実質的には損害賠償請求と報酬請求の相殺と位置付けられていたため、帰責事由がない場合には報酬減額請求もできませんでした。これに対し、改正民法では、請負人に対する損害賠償請求権が発生しない事案であっても、報酬減額請求の途が開けることとなっています。

　ただし、相当な費用で修補ができず、これが社会通念に照らして不能なものと判断されれば、修補請求（追完請求）ができないこととなりますので、留意してください（改正民法412条の2）。また、たとえばXが修補の方法として、コンクリート部材の全面交換の方法によることを請求した場合に、コンクリート部材の補強をすれば構造上の問題が解消するような例では、買主に「不相当な負担」を課さないものとして、Yは、Xの請求した方法と異なる方法によって履行の追完ができることになります（改正民法562条1項ただし書（改正民法559条で準用））。

　③現行民法では、コンクリート造りの土地工作物の請負人の瑕疵担保責任は、引渡時から10年以内に請求すれば足りたため（現行民法638条1項）、本事案でも、Xの権利行使は認められました。

　これに対し、改正民法では、担保責任に係る権利行使の期間制限に関する特則が廃止され、仕事の目的物が契約の内容に適合していないことを知った時から1年以内に、XがYに対して通知をしなければ、追完請求、報酬減額請求、損害賠償請求、解除のいずれもができないこととされました（改正民法637条）。したがって、Xの権利行使は認められないこととなります。

19 委 任

1 改正のポイント

(1) 委任類型の細分化

　改正民法では、委任を、成果完成型の委任（委任事務の履行により得られる成果に対して報酬を支払うことを約した場合）と、履行割合型の委任（委任事務の履行そのものに対して報酬を支払うことを約した場合）に細分化し、それぞれについて、報酬の支払時期と、委任事務の履行が中途の段階で委任契約が終了した場合の報酬請求権について、整理がなされました。

(2) 報酬の支払時期の整理

　改正民法では、報酬の支払時期につき、以下のとおり整理されました。規定が新設されたのは、成果完成型委任の場合の原則的な報酬の支払時期の部分です。成果完成型の委任は請負と類似するため、請負報酬の支払時期と平仄がとられています。

	原則	例外
成果完成型委任	成果の引渡しと同時（新648条の2第1項）	成果の引渡しを要しない場合、委任事務の履行後（新648条2項本文）※現行どおり
履行割合型委任	委任事務の履行後（新648条2項本文）※現行どおり	期間によって報酬を定めたときは、期間経過後（新648条2項ただし書）※現行どおり

⑶ 委任契約が中途で終了した場合の報酬請求権についての整理

改正民法では、委任事務の履行が中途の段階で委任契約が終了した場合の報酬請求権について、同じく役務提供型の契約類型である請負、雇用の場面と合わせ、整理がなされました。どのような場面でどの範囲の報酬請求権を行使できるのかについては、以下のとおりです。

	帰責事由の所在		
	役務の受領者 （注文者・委任者・使用者）	役務提供者 （請負人・受任者・労働者）	なし
請負	報酬全額の請求可（新536条2項） ただし、利益償還が必要	可分な部分の給付により注文者が受ける利益の限度において報酬請求可 （新634条）	
成果完成型委任	報酬全額の請求可（新536条2項） ただし、利益償還が必要	可分な部分の給付により注文者が受ける利益の限度において報酬請求可 （新648条の2第2項、新634条）	
履行割合型委任	報酬全額の請求可（新536条2項） ただし、利益償還が必要	既にした履行の割合に応じた報酬請求可 （新648条3項）	
雇用	報酬全額の請求可（新536条2項） ただし、利益償還が必要	既にした履行の割合に応じた報酬請求可 （新624条の2）	

(4)　委任者による任意解除の要件の緩和

　判例上、受任者の利益をも目的とする委任については、委任者の任意解除権は制限されてきました（大判大正 9・4・24 民録 26 輯 562 頁）。ただし、判例上、受任者の著しい不誠実行為がある場合（最判昭和 43・9・20 裁判集民事 92 号 329 頁）や、委任者が解除権を放棄したものとは認められない事情があるとき（最判昭和 56・1・19 民集 35 巻 1 号 1 頁）には、任意解除が認められると解されております。

　これに対し、改正民法では、受任者の利益（もっぱら報酬を得ることによるものを除く）をも目的とする委任であっても、委任者に広い任意解除権を認め、受任者の不利益は委任者からの金銭賠償でカバーされれば足りるという規律に改められました（改正民法 651 条 2 項 2 号）。

2　ケーススタディ

Q 19-1　成果完成型委任と履行割合型委任の区別

Q　小売業を営む X は、検収に合格しなければシステム全体としては利用できないシステム全般の開発を Y に依頼する内容のシステム開発契約を締結しました。当該システム開発契約上、Y は、要件定義（システムが実装すべき機能や満たすべき性能などを明確にしていく作業のこと）を完成させましたが、内部設計開発に着手した段階で、Y がシステム開発を行っていたオフィスが落雷に遭い、火災によってすべてのデータや書類が焼失して、期日どおりにシステムを納品することができなくなったため、X は、システム開発契約を解除しました。Y の行った要件定義は要件定義書にまとめられており、その内容は、X にとって、別途開発予定のシステ

ムに流用することが可能なものでした。この場合、Yは、Xに対し、いかなる請求をすることができるでしょうか。

A　当該システム開発契約において、Yに仕事の完成義務が定められておらず、かつ、報酬の定め方が、Yによる委任事務の履行そのものに対して支払う形であれば、当該システム開発契約は、履行割合型準委任契約であると解されます。そして、当該システム開発契約の終了原因はどちらの帰責事由によるものでもないため、YはXに対し、履行の割合に応じ、行った委任事務に対する報酬を請求することができます（改正民法648条3項）。したがって、実際に作業を行った工数に単価を乗じた額の請求をすることができることになります。

　これに対し、当該システム開発契約において、Yがシステム開発を完成させる義務を負っている場合、または、完成したシステムの検収に対して報酬を支払う形であれば、当該システム開発契約は、請負契約あるいは成果完成型準委任契約であると解されます。そして、当該システム開発契約の終了原因はどちらの帰責事由によるものでもなく、かつ、要件定義書はXにとっても流用可能で利益となり、要件定義と内部設計は可分な給付といえますので、YはXに対し、要件定義書を引き渡して、要件定義書を作成するのに通常必要な額の範囲で、報酬を請求することができることになります。他方で、内部設計のために要した工数については、報酬請求をすることができません。

　現行民法では、システム開発契約が請負契約なのか準委任契約なのかで、報酬請求の可否や請求できる報酬の範囲が異なるとされてきました。しかし、改正民法では、成果完成型委任という新たな枠組みが規定され、中途終了の場合の報酬請求権について請

負と同様の規律がなされておりますので、今後は、履行割合型準委任契約なのか成果完成型準委任契約なのかで、報酬請求の帰結が異なることとなります。

　なお、実務上、あるシステム開発契約が、請負契約なのか、成果完成型準委任契約なのか、はたまた履行割合型準委任契約なのかが、契約書その他の書面から明らかではなく、また、契約締結時までに当事者がこの点につき十分な協議もしていないために、後日、紛争に発展する例が散見されます。委任者（注文者）、受任者（請負人）いずれの立場からも、この点が曖昧なまま履行が進むと、後日、不測の損失を被るおそれがありますから、契約締結時に十分協議の上、契約書面に明記しておくことが望ましいといえるでしょう。

20 雇 用

1 改正のポイント

(1) 雇用契約が中途で終了した場合の報酬請求権についての整理

改正民法では、雇用の履行が中途の段階で雇用契約が終了した場合の報酬請求権について、同じく役務提供型の契約類型である請負、雇用の場面と合わせ、整理がなされました。どのような場面でどの範囲の報酬請求権を行使できるのかについては、本書 216 頁の一覧をご参照ください。

(2) 雇用の解除・解約申入れの整理

現行民法では、期間によって報酬を定める雇用契約に関し、労働者から解約の申入れをしようとすると、解約申入れ期間が長期になる場合があり（現行民法 627 条 2 項・3 項）、使用者が雇用契約を解除しようとした場合の解約申入れ期間（労働基準法 20 条 1 項本文、30日間）と比べて不均衡でした。

改正民法では、雇用契約の報酬の定め方いかんにかかわらず、労働者からの解約申入れ期間を 2 週間に固定することとしました。

2 ケーススタディ

Q 20-1 賞与の支給日在籍要件の有効性

Q 労働者が、ある年の1月1日から6月30日まで勤務をし、死亡により退職しましたが、当該事業場の定める就業規則では、賞与は、支給日である7月7日に在籍していない者に対しては支払われない旨の定めがあり、実務上もそのように扱われてきていました。この場合、使用者は、当該労働者の相続人に賞与を支払う必要があるでしょうか。

A 現行民法においては、判例上、上記のような就業規則の定めは有効と解されており、当該労働者が7月7日に在籍していない以上は、相続人に賞与を支払う必要はありませんでした。

　改正民法では、既にした履行の割合による報酬請求権の定めが明記され、賞与も労働の対償であると考えられている以上、上記のような就業規則の定めにかかわらずに相続人に対して賞与を支払わなければならないかのように読めます。しかし、法制審議会での議論でも、改正民法624条の2は、支給日在籍要件を定める就業規則の定めに関する判例法理を否定する趣旨の条文ではないとされておりますので、改正民法下においても、相続人に賞与を支給する義務はないことになります。

21 寄 託

1 改正のポイント

(1) 諾成契約への変更

　現行民法において寄託契約は、目的物の授受があってはじめて成立する要物契約として規定されており、諾成契約としての寄託契約に関する定めはありませんでしたが、実務上は、倉庫寄託契約を中心に諾成的な寄託契約が広く用いられており、民法の規定が取引の実態と合致していませんでした。そこで、改正民法では、寄託契約を当事者の合意のみで成立する諾成契約に改めました（改正民法657条）。

(2) 目的物寄託前の任意解除等

　諾成契約に改めたので、契約成立後目的物引渡しまでの間でも、自由に任意解除できることについて規定を新設する必要が生じました。これが改正民法657条の2ですが、寄託者が解除するのか、受寄者が解除するのかで、多少異なる規律になっています。

① 目的物寄託前の寄託者による解除等

　まず、寄託者による解除ですが、有償寄託、無償寄託の別なく、寄託者は、目的物を預けるまでの間、寄託契約を解除することができ、ただし、受寄者は、解除により損害を受けたときは、寄託者に対してその賠償を求めることができることとされました（改正民法

222

657 条の 2 第 1 項)。

《実務上の注意点》改正民法 657 条の 2 第 1 項は、返還時期を定めない寄託にも適用があるなど、改正民法 662 条 2 項とは必ずしも同趣旨ではないとして、ここでいう損害は、寄託者に対する償還請求が可能であった費用（改正民法 665 条によって準用される改正民法 650 条 1 項）に係る損害に限られると解すべきとするのが立案担当者の見解です（筒井健夫＝村松秀樹編著『一問一答 民法（債権関係）改正』（商事法務、2018 年）358 頁）。これに対して、解除がなければ受寄者が得られたはずの利益から、免れた費用を控除した分を損害として賠償請求できるとの見解も示されています。法解釈は今後の実務の集積を待つ必要がありますが、当面は、契約書において合理的な損害賠償の内容を明記しておくのが良いでしょう。

→ **Q 21 -1** 寄託契約の解除・催告・損害賠償

② 目的物寄託前の受寄者による解除

書面によらない無償寄託の受寄者は、目的物を受け取るまでは、契約の解除をすることができます（改正民法 657 条の 2 第 2 項）。

これに対し、有償寄託および書面による無償寄託の受寄者は、目的物を受け取る時期を経過したにもかかわらず、寄託者が目的物を引き渡さない場合、相当の期間を定めて催告し、相当期間内に引渡しがないときは、契約を解除することができるとされました（改正民法 657 条の 2 第 3 項）。有償寄託および書面による無償寄託の受寄者に受取前の解除権が認められるかについては、議論のあったところですが、寄託者が寄託物を引き渡さず解除もしない場合に、受寄者がいつまでも契約に拘束されるのも問題です。そこで、改正民法は、目的物を受け取る時期を経過した場合に限って、受寄者を契約の拘束から解放することとしました。寄託者に引渡義務があるかどうかを問わないで、債務不履行解除と同様の要件の下で受寄者に法

定の解除権を与えたものです。

→ Q 21-1　寄託契約の解除・催告・損害賠償

(3)　寄託者による返還請求と損害賠償責任

改正民法 662 条 1 項では、現行民法 662 条と同様、寄託者はいつでも寄託物の返還を求めることができるとされています。

その上で、改正民法 662 条 2 項では、寄託者が返還時期の前に返還を請求したことによって受寄者に損害が生じたときは、受寄者は損害の賠償を請求できるとする規定が追加されました。

この場合の損害は、解除されなければ受寄者が得られた利益から、受寄者が債務を免れることによって得た利益を控除したものを指します。具体的な損害の内容は今後の実務の集積に委ねられています。後の争いを防ぐため、この場合も、契約書において損害賠償の内容を明記しておくのがよいでしょう。

→ Q 21-1　寄託契約の解除・催告・損害賠償

(4)　受寄者による再寄託

現行民法 658 条では、受寄者は、寄託者の承諾を得た場合に再寄託ができるとされていますが、改正民法 658 条 2 項では、実務のニーズを踏まえ、やむを得ない事由がある場合にも受寄者が再寄託できることが規定されました。

その上で、再受寄者は、寄託者に対し、受寄者と同一の権利を有し、義務を負うことが規定されました（同 3 項）。

(5)　第三者が寄託物について権利を主張する場合の対応の明確化

現行民法では、寄託した目的物について第三者が自己の所有権を

主張し、受寄者に対して引渡しを求めた場合、受寄者がいかなる対応をすべきかは明確ではありませんでした。そこで、改正民法660条2項および3項で、この点に関するルールが設けられました。

　まず、第三者が寄託物について権利主張する場合であっても、受寄者は、寄託者の指図がない限り寄託者に寄託物を返還しなければならず、第三者に対しては引渡しを拒絶できることが規定されました（同条2項）。ただし、第三者による訴訟提起等を寄託者に通知した上で、寄託物の第三者への引渡しを命じる判決が確定した場合などに、受寄者が第三者に寄託物を引き渡したときは、寄託者に対して責任を負わない旨も規定されました（同条2項ただし書）。

　同条3項では、寄託者に対して返還義務の履行として寄託物を引き渡した場合は、これによって第三者に損害が生じたとしても、受寄者は第三者が被った損害の賠償責任を負わないこととされました。第三者が被った損害は、第三者と寄託者との間で処理されることになります。

→ Q 21-2 寄託物について権利主張をする第三者が生じた場合の処理

(6)　寄託物の一部滅失等が生じた場合の損害賠償

　寄託した目的物の一部滅失または損傷により生じた寄託者の損害賠償請求権および受寄者の費用償還請求権につき、権利行使期間を、返還時から1年以内に制限する規定が新設されました（改正民法664条の2第1項）。

　また、寄託者の損害賠償請求権については、寄託者が返還を受けた時から1年を経過するまでは時効が完成しないとされました（同第2項）。寄託目的物に一部滅失または損傷が生じても、寄託期間中は寄託者がその事実を知り得ずに消滅時効が完成してしまうことがあることから、これに対処すべく時効完成猶予の規定を設けたもの

です。

(7)　混合寄託の要件・効果の明文化

　現行民法では、多数の寄託者から同種類・同品質の物の寄託を受けて混合して保管し、寄託された物と同数量の物を返還する寄託契約（混合寄託）に関する規定がなかったことから、改正民法では、混合寄託に関する一般的な理解が明文化されました（改正民法665条の2）。

《実務上の注意点》混合寄託をするには全寄託者の承諾を要することとし、寄託物の滅失のリスクは各寄託者が按分して負担することになっています。

→ Q 21 -3　混合寄託

(8)　消費寄託の準用条文の変更

　受寄者が目的物を消費した上で同種類・同品質の物を返還する寄託契約（消費寄託）については、現行民法では消費貸借の規定を準用することとしていましたが（現行民法666条1項）、改正民法は現行民法666条1項を削除し、原則として寄託の規定を適用することとしました。

　なお、預貯金契約については、返還時期の定めの有無にかかわらず、金融機関がいつでも預貯金を返還できることとしました（改正民法666条3項）。金融機関が運用して利益を得ることを前提としている点で消費貸借に近いため、消費貸借と同様の定めとしたものです。

(9)　経過規定

　ここまでに述べた改正内容は、改正民法の施行日前に締結された寄託契約には適用されない旨が定められていますので（改正法附則34条1項）、施行日以後に締結された寄託契約から適用されることになります。

2　ケーススタディ

Q 21-1　寄託契約の解除・催告・損害賠償

Q　A社は、B倉庫に原材料を預けるための契約を締結したが、C倉庫の方がB倉庫よりも料金が安いことが判明した。

　①　いまだB倉庫に原材料を預けていないため、A社としては、C倉庫に預けたいと考えているが、どのようにすればよいか。また、どのような問題があるか。

　②　既にB倉庫に原材料を預けているが、A社としては、これからでもC倉庫に預けたいと考えている。どのようにすればよいか。また、どのような問題があるか。

　③　所定の保管開始時期を経過してもA社がB倉庫に原材料を預けず、A社から何の連絡もない場合、B倉庫としてはどのような対応ができるか。

A　①目的物を預ける前であれば、A社はB倉庫との寄託契約を解除することができます（改正民法657条の2第1項）。ただし、A社はB倉庫から、寄託者に対する償還請求が可能であった費用等の損害賠償請求を受ける可能性がありますので、注意が必要です（改正民法657条の2第1項）。

②既にB倉庫に目的物を預けた後でも、A社は、B倉庫に期限前返還請求（改正民法662条1項）をして寄託物の返還を受けた上で、C倉庫に目的物を預けることができます。ただし、A社はB倉庫から損害賠償請求を受ける可能性がありますので、注意が必要です（改正民法662条2項）。損害を賠償してもなお、C倉庫に預ける方が経済的に有利になるのかを検証する必要があるでしょう。

③B倉庫としては、寄託物を受け取るべき時期を経過したにもかかわらず、A社が寄託物を引き渡さない場合、A社に対して相当の期間を定めて寄託物の引渡しを催告し、その期間内に引渡しがないときは、契約の解除をすることができます（改正民法657条の2第3項）。これにより、A社のために空けている倉庫スペースが無駄になるのを防ぐことができます。

Q 21-2 寄託物について権利主張をする第三者が生じた場合の処理

Q D倉庫は、E社から在庫商品を預かって保管していたのですが、F社から、その商品はF社の所有物であるとして引渡しを求める訴訟を提起された。D倉庫が訴訟提起についてE社に伝えたところ、E社は、その商品は間違いなくE社の所有物であるからE社に返還するようにと述べた。D倉庫としては、E社・F社どちらの主張が正しいのかわからない。

① この場合、D倉庫はどのような点に留意して対応すべきか。

② また、当該物品をF社に引き渡すように命じる判決が確定した場合はどうか。

A ①D倉庫（受寄者）は、E社（寄託者）の指図がない限り、E社に寄託物を返還しなければならず、D倉庫は、F社（第三者）に引

228

渡しを拒絶できます（改正民法660条2項）。

D倉庫は、E社に引き渡したことによってF社に損害が生じたとしても、F社に対して賠償責任を負いません（改正民法660条3項）。F社に生じた損害はF社とE社との間で調整されることになります。

②F社への引渡しを命じた判決が確定した場合でも、D倉庫は、実際にF社に寄託物を引き渡さない限りは、E社に対して返還義務を負い続けます（改正民法660条2項）。この場合も、改正民法660条3項の「前項の規定により寄託者に対して寄託物を返還しなければならない場合」に該当し、D倉庫は、E社に寄託物を引き渡せば足り、F社に対して損害賠償責任を負いません。他方で、D倉庫はF社に寄託物を引き渡すことも可能であり、引渡しにより、E社への返還義務を免れることができます（改正民法660条2項ただし書）。なお、これらの処理とは別の問題として、確定判決がなされた経緯やD倉庫自身の訴訟対応の是非については、D倉庫がE社から善管注意義務違反による責任を追及されるリスクがありますので、D倉庫として、いわゆる欠席判決や自白、裁判上の和解、請求認諾等、訴訟上相手方（F社）を利する可能性のある対応をすることには、慎重になるべきである点には留意してください。

Q 21-3 混合寄託

Q G倉庫は、H社、I社およびJ社から、各社がK社から仕入れた原料（同種類・同品質の物）を預かって保管することを予定しているが、どのような手続を踏むべきか。

G倉庫は、H社からは20kg、I社からは30kg、J社からは50kgの合計100kgの原料を預かっていたが、保管中に原料の一部（50

kg）が紛失し、H社、I社およびJ社に返還すべき寄託物が不足することになった場合、どのように対応すべきか。

A　混合寄託を行うにはすべての寄託者の承諾を得ることが必要になりますので（改正民法665条の2第1項）、G社としては、H社、I社およびJ社の承諾を得ることが必要になります。

　また、寄託物の一部の滅失によりH社、I社およびJ社に対して返還すべき寄託物の返還ができなくなった場合、G倉庫としては、H社、I社およびJ社の各寄託物の割合に按分した数量を返還した上で、不足分について損害賠償することになります（改正民法665条の2第3項）。具体的には、H社には10 kg、I社には15 kg、J社には25 kgを返還した上で、不足分についてはそれぞれ損害賠償をすることになります。仮に、このルールによらずに、一部の寄託者（たとえばJ社）に対して按分して算出される数量（25 kg）以上の物（預かっていた50 kg）を返還してしまった場合の各寄託者間の関係や、受寄者と寄託者の関係などは改正民法からも一義的な結論は導かれず、今後の裁判例の動向が注目されます。たとえば、I社やJ社としては、按分計算により返還を受けられるべきであった数量について、J社に対して引渡しを求めたり、あるいは、G倉庫に対して委託量全数の損害賠償請求を行うことなどが考えられます。

22　組　合

1　改正のポイント

(1)　実務に合わせた規定の整備

　組合については、従来は規定がなく解釈で補われてきた多くの部分について、実務に合わせる形で規定が整備されることになりました。これまで不明確または条文では規定されていなかったルールが整備され、わかりやすくなったという意義は大きいと考えられます。

　以下、それぞれの概要を説明しておきます。

(2)　同時履行の抗弁、危険負担、債務不履行解除の規定の不適用

　組合契約では、他の組合員が出資債務の履行をしないことを理由として自己の出資債務の履行を拒むことはできないと理解されていましたが、このような同時履行の抗弁（533条）や危険負担の規定（536条）の取扱いについては、現行民法には規定がありませんでした。そこで、改正民法667条の2第1項では、組合契約においてはこれらの規定を適用しないことを明文化しました。

　また、組合契約の終了に関しては、組合員の脱退・除名、組合の解散に関する規定が置かれていることから、債務不履行解除の規定の適用はないと一般的に理解されていました。この点についても改正民法667条の2第2項で明文化されることになりました。

⑶ 組合員の一人についての意思表示の無効等

改正民法667条の3では、組合契約に関して一部の組合員の意思表示に無効または取消しの原因があっても、他の組合員間の組合契約の効力は妨げられないことが明文化されました（改正民法667条の3）。

意思表示に無効または取消しの原因があった組合員のみが組合契約から離脱し、組合は他の組合員を構成員として存続しますので、組合と取引をした第三者が不測の損害を被ることは防がれます。

→ Q 22 -3 組合の債権者の権利行使

⑷ 業務の決定および執行の方法

改正民法670条1項では、組合の意思決定は組合員の過半数で決定し、各組合員が業務執行権を有するという一般的な理解が明文化されました。

同条2項では、組合契約で定めることにより、組合員に限らず組合員以外の第三者に対しても組合の業務の決定および執行を委任することができるという一般的な理解が明文化されました。委任を受けた業務執行者を置いた場合は、組合の業務は業務執行者が決定し、執行することになり、業務執行者が数人あるときは、業務執行者の過半数をもって決定し、各業務執行者が業務執行権を有することになります（同条3項）。

同条4項では、業務執行者に業務の執行を委任した場合であっても、総組合員により組合の業務を決定し、執行することができることが明文化されました。

→ Q 22 -1 組合の業務執行と代理

(5)　組合の代理

　改正民法 670 条の 2 は、組合の代理について定めたものです。組合は法人格を持たないので法律行為の主体となることができず、組合が第三者と法律行為を行うには、代理の形式を用いる必要があります。現行民法には組合代理についての規定は特に設けられていなかったのですが、業務執行権と代理権とを区別する観点から、業務執行権に関する前記規定とは別に、組合代理に関する規定が新設されました。

　各組合員は、組合員の過半数の同意を得た場合、組合員を代理して組合の業務執行ができます（同条 1 項）。業務執行者があるときは、業務執行者のみが組合員を代理します。業務執行者が数人あるときは、業務執行者の過半数の同意を得た業務執行者が組合員を代理することになります（同条 2 項）。ただし、組合の常務については、各組合員又は各業務執行者が単独で組合員を代理することができます（同条 3 項）。

→ Q 22-1 組合の業務執行と代理

《実務上の注意点》組合代理も代理である以上、代理に関する民法総則その他の規定が適用されます。たとえば、組合契約等で業務執行者の対外的権限を制限しても、善意無過失の第三者には対抗できません。

→ Q 22-2 組合の代理権の欠缺

(6)　組合の債権者の権利行使

　組合の債務については各組合員に分割されて帰属するのではなく、1 個の債務として総組合員に帰属し、組合財産がその引当てとなると一般的に理解されていますが、この点が改正民法 675 条 1 項で明

文化されました。また、同条2項では、組合の債権者は各組合員に対して損失分担の割合または等しい割合で権利行使することができるという現行民法675条の規定内容を維持しつつ、主張・立証責任の所在が明確にされました。

→ Q 22 -3　組合の債権者の権利行使

(7)　組合員の持分の処分、組合員の債権者の権利行使

組合財産に属する債権は総組合員が共同してのみ行使することができ、個々の組合員が組合財産に属する債権を自己の持分に応じて分割して行使することはできないとする判例法理が確立されていましたが、改正民法676条でこの点が明文化されました。

また、改正民法677条では、組合員の債権者は、組合財産に属する財産に対して権利行使をすることができないとすることが明文化されました。

(8)　組合員の加入・脱退

組合成立後であっても新たな組合員の加入は可能であるとされており、新組合員の加入は組合員全員の同意または組合契約により行われると理解されていましたが、これが改正民法677条の2第1項で明文化されました。同条第2項では、新たに加入した組合員はその加入前に生じた組合債務について自己の固有財産を引当てとする責任を負わないとする一般的な理解が明文化されました。

《実務上の注意点》改正民法680条の2第1項前半では、脱退した組合員も、脱退前に生じた債務については、その固有財産を引当てとして責任を負うことが規定されました。その上で、脱退した組合員による担保提供請求や弁済した場合の求償権等が同項後半・2項で規定されました。

⑼　組合の解散

　現行民法 682 条に規定する場合（1 号）のほか、組合契約で定められた存続期間が満了した場合（2 号）、組合契約で定められた解散事由が生じた場合（3 号）、組合員全員が解散に同意した場合（4 号）にも解散するという一般的な理解が明文化されました（改正民法 682 条）。

⑽　経過規定

　ここまでに述べた改正内容は、改正民法の施行日前に締結された組合契約には適用されない旨が定められています（改正法附則 34 条 1 項）ので、施行日以後に締結された組合契約から適用されることになります。

2　ケーススタディ

Q 22 -1　組合の業務執行と代理

Q　A・B・C の三名が組合契約を締結し、X 組合を作っている。業務執行者は A である。Y 社は、X 組合と取引をしようと考えているが、誰と契約を締結すれば良いか。

A　組合は法人格を持たず、法律行為の主体となることができないので、X 組合が Y 社と法律行為を行うには、X 組合において代理の形式を用いる必要があります。

　この点、取引内容が X 組合の常務であれば、各組合員または各業務執行者が単独で組合員を代理することができますので（改正

235

民法 670 条の 2 第 3 項)、Y 社としては、各組合員（A・B・C）のいずれかを X 組合の代理として、契約を締結することになります。

　常務以外の業務執行を行う場合は、業務執行者があるときは、業務執行者が組合員を代理して行うことになりますので（改正民法 670 条の 2 第 2 項)、Y 社としては、業務執行者 A を X 組合の代理として、契約を締結することになります。仮に、X 組合に業務執行者がないときは、Y 社としては、X 組合に他の組合員を代理する組合員を過半数同意により決定してもらうことになります（670 条の 2 第 1 項)。

Q 22-2 組合の代理権の欠缺

Q 　Y 社は、A が X 組合の組合員を代理するとの説明を受け、A との間で X 組合と Y 社との取引をしたが、取引後に A には代理する権限がなかったことが判明した。この場合、取引の効力はどうなるか。

A 　組合代理に関する改正民法では「代理」に特段の留保は設けられていませんので、民法総則の表見代理の規定が適用されます。したがって、組合代理の要件を欠いて行われた取引の相手方 Y 社としては、善意無過失の要件の下で保護されることになると考えられます。

Q 22-3 組合の債権者の権利行使

Q 　A・B・C の 3 名で組合契約を締結し、X 組合を作っている。X 組合の取引先である Y 社は、X 組合に対して債権を有している。

　① 　X 組合が債務を支払わない場合、Y 社としては、誰にどのような権利行使ができるか。A・B・C は個人として X 組合の債務を弁

済する責任を負うか。

②　Ｃが X 組合から脱退したが、Ｃはどこまでの範囲の責任を負うか。

③　新たに D が X 組合に加入したが、D はどの範囲で責任を負うことになるか。

④　Y 社との取引後、B について X 組合の組成に関する組合契約の意思表示に無効または取消しの原因があることが判明した場合はどうなるか。

A　①X 組合の債権者である Y 社は、X 組合の組合財産について権利を行使できるほか（改正民法 675 条 1 項）、A・B・C 個人に対しても、一定の割合で権利行使できます。A・B・C に対しては、Y 社の選択に従い、A・B・C の各損失分担の割合または等しい割合でその権利を行使することができます。ただし、Y 社が債権の発生の時に A・B・C の各損失分担の割合を知っていたときは、その割合によって権利を行使することになります（改正民法 675 条 2 項、Y 社の認識の立証責任は各組合員が負うことになります）。

②C は、X 組合から脱退したとしても、脱退前に生じていた組合の債務については、従前の責任の範囲内（A・B・C の各損失分担の割合または等しい割合）で弁済する責任を負います。また、この場合、Y 社が全部の弁済を受けない間は、C は X 組合に担保を供させ、または組合に対して自己に免責を得させることを請求することができることになります（改正民法 680 条の 2 第 1 項）。

③X 組合の成立後に加入した組合員 D は、その加入前に生じた X 組合の債務（Y 社に対する債務）については、弁済する責任を負いません（改正民法 677 条の 2 第 2 項）。

④B について組合契約の意思表示に無効または取消しの原因があっても、A および C の間においては、組合契約は、その効力

を妨げられません（改正民法 667 条の 3）。しかし、B が X 組合に出資していた財産がある場合、B は原状回復として財産の返還を請求することができます。そのため、B の出資財産の取得についてB と Y との間で紛争が生じた場合、どのような枠組みで解決するかは問題となります。

ケーススタディで学ぶ債権法改正

2018年5月15日　初版第1刷発行

監 修 者　　倉　吉　　　敬

編 著 者　　弁護士法人 大江橋法律事務所

発 行 者　　塚　原　秀　夫

発 行 所　　株式会社 商 事 法 務
　　　　　　〒103-0025 東京都中央区日本橋茅場町3-9-10
　　　　　　TEL 03-5614-5643・FAX 03-3664-8844〔営業部〕
　　　　　　TEL 03-5614-5649〔書籍出版部〕
　　　　　　http://www.shojihomu.co.jp/

落丁・乱丁本はお取り替えいたします。　　　　　印刷／三報社印刷㈱